AF346631

ÉPOQUES

PRINCIPALES

DE L'HISTOIRE.

DE L'IMPRIMERIE, DE L. HAUSSMANN, RUE DE LA HARPE,
N°. 80.

ÉPOQUES

PRINCIPALES

DE L'HISTOIRE,

Pour servir de Précis explicatif au *Tableau Chronométrique*, indiquant l'origine, les progrès, la durée et la chute des Empires.

PAR F. GOFFAUX,

Professeur au Lycée Impérial.

DEUXIÈME ÉDITION, REVUE ET AUGMENTÉE.

PARIS,

Chez Arthus Bertrand, libraire, acquéreur du fonds de Buisson, rue Hautefeuille, n°. 23.

1807.

PRÉFACE.

L'UTILITÉ des tableaux est reconnue depuis long-temps. En offrant cet ensemble recommandé par Bacon, ils font apercevoir à l'esprit le point d'où il part, l'espace qu'il lui faut parcourir, et le but où il doit arriver.

Ce mode d'enseignement paraît surtout convenir à l'histoire [1]. On saisit d'un coup d'œil la chaîne des événemens; on se forme, sans beaucoup d'efforts, un plan régulier dont toutes les parties liées entr'elles se rapportent à une ordonnance générale.

C'est sans doute d'après ces principes que des hommes qui, à une étude approfondie, joignent le désir d'être utiles, ont cherché à applanir aux commençans les difficultés qui les rebutaient.

L'excellent tableau comparatif de l'Histoire ancienne et moderne de M. *Prévost d'Iray*, est l'abrégé analytique le plus clair et le plus méthodique qui ait encore paru.

M. *le Sage* a su lier dans ses tableaux, l'histoire à la géographie, d'une manière aussi neuve qu'élégante.

[1] L'histoire doit être rédigée en forme de tableaux, qui abrègent les opérations de l'entendement, ou qui les mettent à profit par l'enchaînement. (*Bacon, chap. de la Nature*).

Nous avions anciennement la mappemonde historique de *Barbeau la Bruyère* ; mais, hérissée de dates et chargée de détails minutieux, elle était trop compliquée pour des commençans. M. *Chantereau*, professeur à l'école de Fontainebleau, en a publié une sous le titre de *Mappemonde chronologique*, beaucoup plus élémentaire, et qui cependant renferme tout ce qu'il est essentiel de connaître.

Le succès de ces différens ouvrages prouve que l'on ne saurait trop multiplier les moyens d'instruction de ce genre ; car la jeunesse est toujours avide d'apprendre, toutes les fois que pour exciter son zèle on intéressera sa curiosité.

La forme sous laquelle je présente le tableau *chronométrique* des Époques principales de l'Histoire, est empruntée d'un tableau historique que le docteur *Priestley* a fait paraître en 1765. Je ne l'ai fait commencer qu'à la guerre de Troie, parce qu'au-delà de cette époque tout appartient ou à la bible ou à la fable. Cependant, dans le Précis explicatif, je ne laisse point ignorer au lecteur les faits qui ont précédé.

Comme le mérite principal de ces sortes d'ouvrages consiste dans l'exactitude, j'ai assujéti la chronologie à une précision rigoureuse, en divisant l'échelle des temps par siècles, comme en géographie l'équateur est divisé par degrés, et subdivisant les siècles par années, comme chaque degré est subdivisé par minutes.

Les lignes *horizontales* indiquent les peuples, et les lignes *perpendiculaires* indiquent les siècles. Chaque dixaine est marquée par un trait un peu plus fort que les années; et le trait qui fixe la cinquantaine, est encore plus remarquable.

Ainsi, en suivant les lignes *horizontales*, le lecteur suit un peuple, à travers les siècles pendant lesquels il a existé, jusqu'à ce que, conquis ou conquérant, il se perde dans quelque empire, ou qu'il s'agrandisse lui-même aux dépens de quelque peuple voisin.

Chaque état ou empire puissant a une couleur qui lui est propre, et qu'il conserve tant qu'il n'est pas démembré ou détruit. Cette couleur, en donnant du corps à ce qui n'en a point, fixe plus particulièrement la pensée. Souvent le peuple que l'on a vu se perdre dans un empire, reparaît ensuite pour se confondre encore dans un autre, à mesure qu'il survient des changemens ou des révolutions, dont le Précis donne les circonstances.

Mais ce n'est là encore que le dehors de l'histoire; ce sont, pour ainsi dire, les racines sur lesquelles il faut greffer. Les faits sont en histoire, ce que sont les mots dans les autres sciences; et la véritable connaissance des événemens, n'est point séparable de celle de leurs causes et de leurs effets.

Or, les anciens historiens, ou ceux d'entre les modernes qui les ont pris pour modèles , peuvent seuls nous fournir ces instructions solides, qui sont le principal but que l'on doive se proposer dans l'étude de l'histoire.

C'est dans les bons auteurs dont les narrations sont semées de réflexions sûres et judicieuses , que l'on voit l'enchaînement des événemens , les rapports des mœurs avec la fortune des peuples , les causes de leur élévation et de leur chute. L'on y suit les progrès des lettres , l'influence des découvertes , les différentes transmigrations des arts , leur décadence et leur régénération ; l'on remarque enfin la liaison des causes et des effets , autant qu'il est donné aux hommes de les pénétrer , selon le degré d'intelligence dont l'âge , l'exercice de la réflexion, ou les leçons d'un habile maître peuvent les rendre capables.

C'est pourquoi, à mesure que l'importance des événemens exige des développemens plus étendus , je renvoie en marge le lecteur aux auteurs et aux traducteurs les plus estimés.

Lorsque les ouvrages sont trop volumineux , pour éviter l'ennui des recherches , je cite le tome et la page ; et comme la multiplicité des citations n'aurait fait qu'embarrasser la marge , j'indique à la fin de chaque article les auteurs qui ont écrit sur quelqu'époque mémorable, ou sur quelques hommes illustres.

A l'égard des dates, je me suis servi, pour les assurer, de trois ouvrages estimés ; savoir : *l'Art de vérifier les dates*, par le **P. Clément ;** les *Tablettes chronologiques* de l'abbé *Lenglet Dufresnoy*, et les *Tables* de *Blair*, traduites par M. *Chantereau.* Lorsque ces auteurs varient entr'eux, j'ai établi la date sur laquelle deux étaient d'accord.

Manière de se servir du Tableau.

En histoire, comme dans toute autre connaissance, la méthode analytique est la seule vraie, la seule élémentaire.

On fera bien de diviser préliminairement le tableau en deux parties. La première comprendra les peuples anciens, soit jusqu'à l'ère chrétienne, soit jusqu'à la division de l'empire romain, l'an 395 après J. C., ce qui fera à-peu-près la moitié du tableau. La seconde aura pour objet l'histoire des états modernes, depuis leur établissement jusqu'à nos jours.

Cette première division faite, on étudiera chaque peuple individuellement dans l'ordre dans lequel il est placé. On aura soin d'abord de reconnaître sa position géographique, sur la petite carte qui est au bas du tableau.

Ensuite, le Précis à la main, l'on suivra l'histoire de ce peuple, en s'arrêtant aux époques intéressantes, et l'on fera l'analyse par écrit, des passages des auteurs indiqués en marge.

En décomposant ainsi tout le tableau, partie par partie, on s'en rendra facilement compte. D'ailleurs, la vie de chaque peuple fesant un morceau d'histoire seul et séparé, apportera dans l'étude plus de variété et d'intérêt.

Lorsque l'esprit aura été ainsi conduit par degré de peuple en peuple, ce sera alors qu'il les associera facilement dans ses observations. Il considérera les rapports de lois, de mœurs, d'événemens qui l'auront frappé; il comparera l'origine des états, leurs progrès, leur décadence; il verra que tel peuple était dans son enfance, lorsque tel autre jouait un grand rôle; que les uns étaient au milieu ou au déclin de leur puissance, lorsque d'autres commençaient à se civiliser, ou étaient encore plongés dans la barbarie.

Je ne m'étendrai pas davantage sur la manière de se servir de ce tableau.

L'homme instruit aimera à se rappeler le souvenir de ce qu'il sait.

Quant à celui qui veut s'instruire, j'ose assurer, d'après l'expérience, qu'assis en face du tableau, le Précis à la main, en suivant la marche que je viens de tracer, il acquerra en quelques jours des connaissances plus justes et plus précises, que s'il feuilletait pendant plusieurs mois des volumes entiers.

Un seul tableau suffit dans une classe, quelque nombreuse qu'elle soit, pourvu que chaque élève ait un Précis.

Explication.

Ce tableau est appelé *Chronométrique*, parce qu'en mesurant avec le compas la distance, à partir de la ligne du siècle au trait ou événement déterminé, et rapportant l'ouverture à l'échelle des temps, on a la date précise demandée.

Les espaces compris entre les lignes *verticales*, représentent les siècles, en remontant 1200 ans avant *l'ère chrétienne*, et descendant jusqu'à nos jours. Chaque siècle se divise par dixaines et par années.

Les espaces compris entre les lignes *horizontales*, indiquent les peuples.

Chaque trait *vertical* I qu'on rencontre en suivant *horizontalement*, fermant l'espace dans lequel est compris un peuple, fixe quelque époque importante dans son histoire, et souvent celle à laquelle ce peuple a été réuni par voie de conquête au peuple qui suit.

Lorsque ce trait n'est que ponctué , ⫶ il an-
nonce que la réunion dont il s'agit a été faite à
l'amiable, par alliance, donation , etc.

Les lignes interrompues et ponctuées.......
indiquent les lacunes de l'histoire ou l'incertitude des dates.

Chaque état conserve sa couleur, jusqu'à ce
qu'il passe sous une domination étrangère. Cependant, pour éviter la confusion, l'on n'a coloré
que les empires ou les états les plus célèbres.

Les parties séparées d'un même empire, sont
indiquées sous la même couleur.

C'est ainsi qu'à la fin du huitième siècle, sous
Charlemagne, celle de la France s'étend en Allemagne et en Italie; de même la couleur de
l'Empire Romain s'étend à mesure qu'il s'agran-
dit en Europe, en Asie et en Afrique.

Quant aux peuples qui traversent horizontalement cet empire, sans prendre sa couleur,
tels que les scythes, les chinois, les indiens, les
arabes et certains peuples de la Germanie, la
couleur blanche qu'ils conservent indique qu'ils
n'ont jamais été assujétis aux romains.

ÉPOQUES PRINCIPALES

DE L'HISTOIRE.

MAURITANIE.

(Aujourd'hui PARTIE DU ROYAUME DE MAROC, ET PARTIE DE L'ÉTAT D'ALGER.)

CETTE contrée, située dans l'Afrique septentrionale, se divisait autrefois en deux parties : 1°. *Mauritania Tingitana*, aujourd'hui royaume de Fez, borné par l'Océan, le détroit de Gibraltar, et le fleuve Mélabath ; 2°. *Mauritania Cæsariensis*, aujourd'hui état d'Alger.

La Mauritanie n'a commencé à être connue des romains, que dans la guerre qu'ils firent à *Jugurtha*, roi de Numidie. *Bocchus*, roi de Mauritanie, ayant réuni ses forces à celles de *Jugurtha* son gendre, fut vaincu deux fois par *Marius*. Ensuite, pour faire sa paix avec les romains, ce prince leur livra *Jugurtha*, et reçut, pour prix de sa trahison, une partie du royaume de Numidie. *Rollin, Hist. Anc., t. 1, p. 589.*

Depuis *Auguste*, environ 30 ans avant J. C., la Mauritanie fut un de ces états dont le peuple romain disposait à son gré. Elle continua de faire partie de l'Empire jusqu'en 439, qu'elle fut prise par *Genseric* le vandale. Ses descendans la possédèrent jusqu'en 534, que *Bélisaire* la reprit sur eux. *Idem, t. I, p. 597.* *Le Beau, Hist. du Bas-Empire, t. IX, p. 232.*

1

En 644, les sarasins (*saraceni*), devenus depuis si fameux, s'en rendirent maîtres, ainsi que de toute la côte septentrionale d'Afrique ; c'est de là qu'ils se répandirent ensuite en Espagne sous le nom de *maures*.

Différentes dynasties régnèrent successivement dans ces contrées, pendant l'espace d'environ 600 ans. Celle des *Fatimites* commença l'an 910. Celle des *Almoravides* en 1051, et celle des *Almohèdes* en 1116 : cette dernière finit elle-même en 1212, par la défaite totale du dernier roi maure en Espagne. Alors les provinces de Tremecen et de Fez devinrent des états indépendans. Le roi de Fez s'empara même de Maroc, bâtie en 1052 par un roi de la race des *Almoravides*, et y fixa sa résidence.

C'est à cette époque que les sultans de Maroc, souverains, pendant un faible intervalle, de tous les états septentrionaux de l'Afrique, prirent le titre d'empereur ; mais leur qualification propre est celle de sharif ou shérif, qui dérive du nom d'un prétendu descendant de *Mahomet* , lequel s'empara de la couronne l'an 1516.

Vers 1550 , les princes de cette race prirent Fez, et réunirent cet état à celui de Maroc, qui est devenu, dans ces derniers temps, le plus puissant des royaumes d'Afrique.

NUMIDIE (aujourd'hui ALGER.)

Ce territoire formait en grande partie l'ancien royaume de Numidie, dans lequel des colonies de phéniciens s'établirent vers l'an 300 avant J. C. L'histoire de ce pays n'est point connue jusqu'au règne de *Syphax*, qui embrassa d'abord le parti des romains dans la seconde guerre punique ; mais s'en étant ensuite détaché pour épouser la belle *Sophonisbe*, fille d'*Asdrubal*, général des carthaginois, il fut vaincu et mené à Rome, où il mourut en prison. Les romains, pour récompenser *Masinissa* de sa fidélité, réunirent le royaume de Numidie à celui de Mauritanie, que ce prince possédait. *Micipsa* son fils lui succéda. Après la mort de ce prince, ses états furent partagés entre *Adherbal* et *Hiempsal*, ses deux fils, et *Jugurtha*, son fils adoptif. Celui-ci, aussi ingrat que perfide, ayant assassiné ses deux frères pour s'emparer de leurs dépouilles, fut poursuivi par les romains. Vaincu par *Marius*, et livré à *Sylla* par *Bocchus*, il eut le sort que ses crimes méritaient. Les romains rétablirent sur le trône *Juba*, petit-fils de *Masinissa* ; mais dans les guerres civiles qui agitèrent la république, ce prince ayant pris le parti de *Pompée* contre *César*, le vainqueur de Pharsale l'attaqua, le défit, et réduisit ce pays en province romaine, vers l'an 44 avant J. C.

Rollin, Hist Anc., t. I, p. 511.

Idem, t. I, p. 589.

Idem, t. 1, par 597.

AFRIQUE.

—————————

Le Beau, Hist. du Bas-Empire , t. IX et suiv.

Hist. des Sarasins , par *Jault*,

ou

Hist. de l'Afrique , sous la domination des arabes, par *Cardonne*.

Hist. des Etats Barbaresques , tr. de l'anglais.

Hist. Ottomane , par *Lacroix*.

Alors la Numidie fit partie du vaste empire romain , et suivit les révolutions dont il est parlé dans l'article précédent , jusque vers 1206, que la puissance des *Almohèdes* commença à décliner. Il est probable que ce pays devint alors indépendant, ainsi que Fez, Tremecen , Tunis et Tripoli.

En 1516 les habitans d'Alger , menacés par les espagnols, ayant eu recours à *Barbe-Rousse*; cet homme célèbre , d'abord simple corsaire , s'empara du royaume , et se mit sous la protection de *Soliman* , dont il devint l'amiral.

Depuis cette époque , cet état est resté sous la dépendance de la Porte , avec la faculté d'élire son bey ou gouverneur.

LIBYE (aujourd'hui TUNIS.)

LES anciens, principalement les grecs , donnaient le nom de Libye à toute la partie septentrionale de l'Afrique, qui s'étend le long de la Méditerranée et du détroit de Gibraltar ; mais la Libye, proprement dite , ne renfermait que cette étendue de pays qui répond aujourd'hui aux parties les plus orientales de la Barbarie et du Bilédulgérid. Le reste de la côte , c'est-à-dire, la Barbarie même jusqu'à l'océan Atlantique, était habitée par les numides et par les maures.

Rollin , Hist. anc., tome I , p. 232 et suiv.

Tunis est bâtie à peu de distance de la place où était l'ancienne Carthage, ville fondée par *Élisa* ou *Didon* , qui y établit une colonie de tyriens l'an 890 avant J. C.

Le gouvernement de Carthage était probable- AFRIQUE.
ment imité de celui des tyriens leurs ancêtres.
Il était composé de deux suffètes annuels, du sénat et du peuple. Tant que ces trois corps se ba-
lancèrent, la république fut heureuse et florissante; mais lorsque, suivant la remarque de
'Polybe, le peuple eut pris trop d'ascendant sur
le sénat, la prudence fut bannie de leurs conseils
et fut remplacée par l'esprit de faction et de ca-
bale. Dans la seconde et dans la troisième guerre
punique (*Voy*. Rome) la populace l'emporta sur
le sénat, tandis que l'autorité sénatoriale était à
Rome dans toute sa vigueur, et ce fut, suivant
le même auteur, ce qui produisit l'élévation de
l'une et la chute de l'autre.

Aucun peuple ancien ne poussa plus loin le
commerce et la navigation. Ils connaissaient
parfaitement la Méditerranée et tous ses ports,
l'Espagne, les Canaries, la Gaule, la grande
Bretagne. Enrichie par le commerce, Carthage
devint formidable à ses voisins, et assez puissante pour disputer long-temps l'empire du
monde à Rome même. La lutte longue et sanglante qui eut lieu entre ces deux républiques,
est une des époques les plus intéressantes de
l'histoire ancienne. Mais l'une était très-riche et
l'autre n'avait rien. L'une n'avait presque que des
soldats mercenaires, l'autre comptait autant de
soldats que de citoyens; ce fut celle-ci qui détruisit l'autre, l'an 146 avant J. C.; Scipion mit
fin à la troisième guerre punique, par l'entière
destruction de Carthage.

AFRIQUE.

————

Le Beau, Hist. du Bas-Emp., t. IX, p.258 et suiv.
Hist. des Sarasins, par *Jault*, ou Hist. de l'Afrique, sous la domination des arabes, par *Cardonne.*

Hist. Ottomane, par *Lacroix.*

La Libye subit le sort de la Mauritanie ; prise par les vandales, reprise par les romains, envahie ensuite par les sarrasins, elle passa successivement sous les dynasties des *Fatimites*, des *Almoravides*, des *Almohèdes*, jusque vers 1206. Alors *Abu-Ferez*, gouverneur de Tunis et de Tripoli, se révolta contre l'empereur de Maroc, et s'érigea en puissance indépendante ; mais au milieu du seizième siècle, *Soliman Ier*, père du fameux *Soliman II*, soumit Tunis à la puissance ottomane. Tripoli succomba quelques années après.

Vers la fin du seizième siècle, les habitans de Tripoli, et au commencement du dix-septième, ceux de Tunis obtinrent, comme l'avaient déjà obtenu les algériens, le privilége d'élire leur bey ou gouverneur, mais en reconnaissant la souveraineté de la cour de Constantinople.

ÉGYPTE.

L'ÉGYPTE située à l'ouest de l'Asie, est bornée au nord par la mer Méditerranée, à l'est par l'isthme de Suez et par le golfe Arabique ou mer Rouge, au sud par l'Ethiopie et par le royaume et le désert de Barca. Ce pays, l'une des plus célèbres contrées de la terre dans la fable et dans l'histoire, a environ 160 lieues en longueur du nord au sud ; mais dans sa largeur ce n'est qu'une vallée étroite sur les deux rives du Nil, resserrée par des chaînes parallèles de montagnes qui s'élargissent vers son extrémité septentrionale, à environ 40 lieues sur le bord de la mer.

L'Égypte se divise en trois parties ; la haute Égypte, au- AFRIQUE.
trefois *Thébaïde*, à cause de l'ancienne Thèbes sa capitale.
On nomme aujourd'hui cette partie *Saïd*, capitale *Dgirge*.
La moyenne Égypte ou Heptanome, cap. le *Caire*. La
basse Égypte, cap. *Alexandrie*. C'est dans cette partie
qu'est situé le *Delta*.

Les égyptiens ont eu la même prétention que *Rollin*,
Hist. Anc.,
les chinois sur l'antiquité de leur monarchie. Ils tome. I, p. 10
en fesaient remonter l'origine à plus de cent mille et suiv.
ans. Ce qui paraît certain, c'est que de tous les
pays, c'est celui qui s'est le plutôt policé, et où
le gouvernement monarchique semble d'abord
avoir pris naissance. Fils *du roi des rois* était le
nom qu'on donnait aux rois d'Egypte ; mais le
règne d'une grande partie de ses souverains est
pour nous couvert de ténèbres impénétrables.
Cependant les détails que nous offrent sur l'histoire ancienne de ce pays, les écrivains judicieux
qui ont écarté ce que *Hérodote* nous a transmis
d'exagéré , sont trop intéressans pour ne pas
fixer notre attention. On doit distinguer particulièrement les travaux de *Mœris*, les conquè-
tes de *Sésostris*, les entreprises utiles de *Né-
chos.*

Il semble que le sort des égyptiens ait tou-
jours été d'être subjugués. Assujétis à *Cyrus* *Idem*, t. II,
vers l'an 534 avant J. C. ; réduits, après une ré- p. 318.
volte, par *Cambyse* en 525, ils fesaient partie de l'empire des perses, lorsqu'*Alexandre-
le-Grand* s'en empara, 332 ans avant l'ère chré- *Idem*, t. VI,
tienne. p. 336.

L'Egypte, dans le partage qui eut lieu entre

AFRIQUE.

Histoire du Comm. et de la Navigat. des égypt., sous les Ptolémées, par *Ameilhon.*

Rollin, Hist. Rom., t. XVI, p. 144 et suiv.

Hist. de l'Afrique, sous la domination des arabes, par *Cardonne.*

les capitaines d'*Alexandre*, forma un royaume indépendant ; elle échut à *Ptolémée Lagus.* Ses successeurs la possédèrent jusqu'à la mort de *Cléopatre*, l'an 30 avant J. C. Conquise alors par *Auguste*, cette belle contrée ne fut plus qu'une province de l'empire romain.

A la mort de *Théodose*, l'an 395 après J. C., elle échut à *Arcadius* avec l'empire d'orient, dont elle fit partie jusqu'en 640, que les sarasins s'en emparèrent.

En 868, *Al-Tolu*, fils de *Hamed*, esclave turc, à qui le calife de Bagdad avait confié le gouvernement de l'Egypte et de la Syrie, s'établit dans ces provinces, et s'y maintint contre tous les efforts que l'on fit pour le déposséder ; mais en 904, le dernier calife d'Egypte s'étant rendu odieux par l'assassinat de son prédécesseur, *Mahomet al-Moctasi* profita de cette circonstance pour faire rentrer l'Egypte sous le califat.

En l'an 933, sous le califat de *Al-Radi*, *Mahomet*, fils de *Tagi*, surnommé *Al-Ashked*, la conquit presque toute entière ; si l'on en excepte une petite portion dont s'était emparé, en 970, *Abdallah Al-Mohdi*, le premier de la dynastie des *Fatimites.* Le siége de son empire était à Cairvan, près Tunis.

Son successeur, *Abu-Temin-Mahoud*, surnommé *Moez Ledinillah*, conquit le reste de l'Egypte. Il en fut redevable à l'habileté de son général *Jaawar*, qui bâtit la ville de Al-Kahirac (terme arabe qui signifie la victorieuse), appelée communément le grand Caire.

La dynastie des *Fatimites* s'éteignit en 1176, à la mort du dernier prince de cette famille : alors le fameux *Saladin*, qui avait été son visir, usurpa le royaume, et, en sa personne, commença la dynastie des *Ajoubites*.

En 1245, les mamelucks, soldats ramassés sur les côtes septentrionales de la mer Noire, et soudoyés par les princes de cette famille, s'emparèrent de l'Egypte, et la possédèrent jusqu'en 1517, qu'ils furent défaits par *Selim*, empereur des turcs, qui fit étrangler *Toman-Bey*, le dernier soudan.

Depuis cette époque, ce pays n'a plus changé de maîtres : cependant les mamelucks s'étaient affranchis de l'autorité des ottomans, lorsque les français, en 1798, abolirent l'aristocratie de cette milice, et s'emparèrent de presque toute l'Egypte ; mais, en vertu du traité d'Amiens, ce pays est rentré sous la domination des turcs.

ABYSSINIE, ÉTHIOPIE.

LES anciens appelaient Ethiopie le pays qui s'étend entre l'Egypte et l'Abyssinie, environ 500 milles en longueur sur 400 de l'argeur ; mais les géographes arabes lui ont donné, avec plus d'exactitude, le nom de Nubie, qui comprend les royaumes de Sennaar et Darfour. La partie la plus connue des anciens, à cause de son commerce avec l'Egypte, était l'Ethiopie orientale.

Les ténèbres qui couvrent l'histoire de cette

partie de l'Afrique, ne permettent pas de rien donner de positif sur son origine, ni sur ce qui s'est passé dans les temps reculés. Il paraît que *Psamméticus* en ayant fait la conquête environ 1600 ans avant J. C., ce pays demeura soumis au royaume d'Egypte, dont il fit partie jusque vers l'an 671, qu'il fut conquis par *Hassar-Hadon*, roi d'Assyrie.

Nous voyons qu'en 534, *Cyrus* était maître d'une grande partie de l'Ethiopie; mais, à sa mort, en 525, *Cambyse* fit contre elle une tentative inutile.

Ptolémée-Evergète pénétra en Ethiopie vers l'an 246 avant J. C., mais il abandonna ses conquêtes.

Ælius-Gallus, général romain, fit aussi dans ce pays, du temps de la reine Candace, une irruption qui n'eut aucune suite importante.

Depuis ce temps, l'histoire de cette contrée est très-peu connue; si ce n'est qu'en 960, une femme nommée *Fredla-Gaby*, tua *Del-Noad*, prince régnant, et plaça un de ses fils sur le trône, ce qui mit fin à la dynastie *Salomonique*, qui prétendait descendre du sage monarque de Judée et de la reine de Saba, que l'on dit avoir été éthiopienne.

Relation hist. d'Abyssinie, du P. Lobo, jésuite portugais, tr. par *Legrand*.

En 1300, cette nouvelle famille ayant été chassée, la race de *Salomon* fut rétablie sur le trône. Ce royaume subsiste encore de nos jours; mais on ne sait rien de son histoire, si ce n'est ce que nous en ont appris les jésuites, lors-

qu'ils entreprirent de convertir les peuples de
l'Abyssinie.

ASIE.

CORÉE.

CETTE presqu'île est située au sud-ouest du Japon et au nord de la Chine.

On dit que *Ki-tze* en fut le premier roi l'an 112 avant J. C.; mais l'an 201 de l'ère chrétienne, les japonais en firent la conquête. On ignore en quel temps elle recouvra son indépendance; mais en 1224, elle devint tributaire de *Jenghis-Kan*, et fut conquise en 1664, par *Cam-hi*, le premier prince de la dynastie tartare.

Hist. gén. de la Chine, par l'abbé *Grosier*, t. VI, p. 102; t. X, p. 355. Hist. de Jenghis-Kan, par *Gaubil*, ou par *Lacroix*.

JAPON.

PLUSIEURS îles forment l'empire du Japon, à l'est de la Chine.

Les japonais n'ont jamais été subjugués. 660 ans avant J. C., ils avaient pour empereur un pontife, sous le nom de *Dairi*.

Sur la fin du 16ᵉ. siècle, le *Dairi* a éprouvé la même révolution que les califes, successeurs de *Mahomet*. Le *Cubosama*, ou général des troupes, s'est emparé de la puissance réelle, et ne lui a laissé qu'un titre pompeux, avec

Histoire du Japon, par le P. *Charlevoix*, ou celle t ad. de *Kempfer*.

Voyage de *Thunberg*.

des femmes et des richesses dont il jouit à Meaco.

CHINE.

Aux extrémités de l'Asie, depuis le 20°. jusqu'au-delà du 41°. degré de latitude septentrionale, s'étend l'empire de la Chine, moins considérable encore par son étendue que par sa population et ses richesses. A l'est et au sud il est borné par la mer, au nord par la grande muraille qui le sépare de la Tartarie et par le désert de Chamo, et à l'ouest par le Thibet.

Hist. gén. de la Chine, par l'abbé Grosier, t. I, p. 1 et suiv. ou par le P. Duhalde.

L'empire de la Chine existe-t-il ou non depuis plus de 4000 ans ? C'est un problème historique, sur lequel les opinions sont partagées. Ce qu'il y a de certain, c'est que la Chine, plusieurs siècles avant notre ère, formait déjà un état puissant. *Confucius*, célèbre législateur était né environ 550 ans avant J. C., vers le temps de la mort de Solon, et l'empire avait déjà une grandeur que rien n'égalait au monde.

Idem, t. V, pag. 393.

La première invasion d'étrangers en Chine, fut celle des *Kitans*; elle eut lieu en 946. On leur abandonna en 949, quelques villes de la partie du nord; et en 950, ils poussèrent plus loin leurs conquêtes.

Id. t. VIII, par 375.

En 1117, les tartares *Kin*, à l'invitation des princes de la dynastie de *Song*, qui régnaient dans la partie méridionale de la Chine, envahirent l'empire des *Kitans*, et le détruisirent;

mais en même-temps ils rendirent les *Songs* eux-mêmes tributaires.

En 1211, *Jenghis-Kan*, après avoir dévasté l'Asie, envahit la Chine à la tête de 700 mille tartares commandés par ses quatre fils, qui en achevèrent la conquête. Il y eut 9 empereurs consécutifs de la race de Genghis, connue sous le nom de dynastie d'*Iven*. Celle-ci fut remplacée par la dynastie *Ming*, qui était en possession de l'empire lorsqu'en 1626 d'autres hordes tartares, ayant à leur tête *Taitsong*, se jetèrent sur la Chine. Tandis qu'un mandarin rebelle, nommé *Listching*, prenait les provinces du nord, *Taitsong* et ses tartares s'emparaient de celles du midi. *Hoaitsong*, dernier empereur du sang chinois, assiégé dans son palais, comme Sardanapale, avec ses femmes et ses eunuques, s'étrangla, et mit fin à un empire et à une vie qu'il n'avait pas osé défendre.

Après sa mort, les tartares et les rebelles se disputèrent la Chine, mais les tartares conquirent pied à pied tout ce vaste empire ; et ayant adopté les lois, les usages et la religion des chinois, les deux nations n'en composèrent plus qu'une seule. Ce sont encore les descendans de *Taitsong*, qui sont aujourd'hui sur le trône.

Voyez *aussi* Voyage du lord *Macartney* en Chine, et les suites par *Holmes* et *Barrow*.

TARTARIE.

Par-delà le mont Taurus et le Caucase, à l'est de la mer Caspienne et du Volga jusqu'à la Chine, et au nord jusque sous la zône glaciale, s'étendent les immenses pays des anciens scythes, dont le nom est plus connu que les bornes précises des contrées qu'ils ont possédées.

Ce pays paraît avoir été peuplé de temps immémorial, sans qu'on y ait jamais bâti de villes. La nature avait donné aux Scythes, comme elle a conservé aux tartares leurs descendans, un goût pour la liberté et pour la vie errante, qui leur a fait regarder les villes comme des prisons, où les rois, disent-ils, tiennent leurs esclaves.

On n'a de connu sur les anciens Scythes que ce que Justin nous en rapporte. Ces peuples, suivant cet auteur, ont conquis trois fois l'Asie. Ils réduisirent *Darius*, roi de Perse, à fuir honteusement de leur pays. Ils taillèrent en pièces toute l'armée de *Cyrus*, ainsi que celle de *Sopirion*, général d'*Alexandrie*. Le bruit des armes romaines parvint jusqu'à eux sans qu'ils en éprouvassent la force ; ils sont les fondateurs de l'empire des Parthes. On vit les Scythes au cinquième siècle, se jeter loin de leurs déserts, tantôt vers le Palus-Méotide, et chasser les habitans de ces contrées, qui se précipitèrent sur l'empire romain ; tantôt à l'orient et au midi, vers l'Arménie et la Perse ; tantôt du côté de la

Chine et jusqu'aux Indes. « Ainsi ce vaste réser-
» voir d'hommes ignorans et belliqueux a vomi
» ses inondations dans presque tout notre hé-
» misphère, et les peuples qui habitent ces dé-
» serts, privés de tout monument historique,
» savent seulement que leurs pères ont conquis
» le monde. (*Essai sur l'histoire genérale ,*
» *ch.* 56 ».

Un peu avant 1200, on trouve qu'*Ung-Kan* ,
prince de la tribu des *Koraïtes* , était un puissant souverain, dont la plus grande partie de la
Tartarie était tributaire. Mais, en 1200, il fut
défait et mis à mort par le célèbre *Jenghis-Kan* ,
qui, à la tête des moguls ou mogols , vint fonder, sur les ruines de ce vaste empire, un empire
nouveau et plus puissant. Ce dernier subjugua
la Tartarie, une grande partie de la Chine et de
l'Indostan , la Perse jusqu'à l'Euphrate. Ses troupes ravagèrent la Russie. En un mot, on compte
plus de 1800 lieues de l'orient au couchant, et
plus de mille du nord au midi, formant l'étendue de ses conquêtes. Il mourut en 1226, fort
âgé , et près de conquérir la Chine entière.

Ses descendans possédèrent la Tartarie jusqu'en 1582, qu'ils devinrent sujets des tartares
mantchous qui règnent aujourd'hui en Chine.

A l'égard des chalkas, on ne sait pas bien en
quel temps ils devinrent indépendans. Mais, en
1696, ils furent assujétis par les tartares chinois ou mantchous.

Les éleuths formèrent un état séparé vers l'an

1406, et se sont conservés indépendans jusqu'à ce jour.

INDOSTAN.

CETTE vaste contrée de l'Asie s'étend en forme de presqu'île depuis le 8 . jusqu'environ le 35 . degré de latitude nord , et depuis le 64. degré de longitude orientale jusqu'au 90. Elle est bornée au nord par les montagnes qui courent est et ouest de la province de Kuttore ; à l'ouest vers la Perse , par d'autres chaînes de montagnes , et par la mer des Indes ; à l'est par le Gange ; au sud par l'Océan indien et le golfe du Bengale.

Rollin ,
Hist. Anc.,
t. III, p. 106,
et t. VI , p.
505.

La contrée la plus fertile de l'Asie a dû exciter la cupidité de différens conquérans ; aussi voyons-nous que tous ceux qui se sont rendus maîtres de la Perse, ont aussi conquis ou désolé les Indes. Mais depuis ce que l'histoire ancienne nous apprend des expéditions de *Darius* et d'*Alexandre-le-Grand*, l'Inde étant privée de tout monument historique, la tradition du pays ne présente que de l'incertitude jusqu'au onzième siècle de notre ère, où l'on voit *Mahmoud-Gasni* faire, dans les provinces du nord-ouest, des conquêtes considérables.

Hist. de Jenghis- Kan
par *Gaubil.*

En 1222, *Jenghis-Kan* s'empara du Kandahar et du Multan, provinces occidentales.

Hist. de Tamerlan , par
Petis Delacroix.

En 1393, *Tamerlan* suivit la même route. Ce conquérant, descendant de *Jenghis-Kan*, par les femmes, était né à Cath, ville de l'an-

cienne Sogdiane, où les grecs avaient pénétré
sous *Alexandre*.

En 1396, il envahit le reste de l'Inde, et en
1399 il entra dans Delhi, sa capitale, chargé
de dépouilles immenses.

Depuis la conquête de *Tamerlan*, jusqu'à
l'époque à laquelle *Thamas Kouli-Kan* ravagea l'Inde, il y eut beaucoup de révolutions
qu'il importe peu de connaître.

En 1526, *Babar*, sultan de Bucharie, arrière
petit-fils de *Tamerlan*, se rendit maître de tout
le pays qui s'étend depuis Samarcand jusqu'auprès d'Agra.

En 1538, le Bengale fut conquis par le grand
mogol.

En 1558, '*Akbar* vainquit un prince qui se
disait descendant de *Por*, que *Quinte-Curce* a
rendu si célèbre sous le nom de *Porus*; mais
il n'eut pas la générosité de lui rendre ses états.

En 1687, Golconde et Visapour tombèrent
au pouvoir des mogols. Tous ces conquérans
étaient de race tartare.

Enfin, en 1738, le fameux *Thamas Kouli-
Kan* ravagea l'Indostan, mais n'y forma point
d'établissement.

Cette vaste et riche contrée est, depuis 1799,
en grande partie, au pouvoir des anglais. Il est
peut-être sans exemple, dans les temps anciens
et modernes, qu'une nation étrangère ait pos-
sédé une si grande étendue de pays à une aussi
grande distance.

Voyez l'*Histoire Philosophique et Politique de l'éta-*

Hist. de Nadir-Shah, ou Tham-Kou-ly-Kan, par *Jones*.

Mém. du major *Ren-nel*.

blissement des Européens dans les deux Indes, par l'abbé Raynal, *tome II.*

Voyez aussi le *Voyage aux Indes et à la Chine*, par Sonnerat, seconde édition, 4 vol. in-8°. et 2 vol. in-4°.

PERSE.

Bornée au nord par la Circassie et par la mer Caspienne, à l'est par les états du Mogol, au sud par le goife Persique, le golfe d'Ormus et une partie de la mer des Indes, à l'ouest par la Turquie asiatique.

Rollin,
Hist. Anc.,
t. II, p. 273. Il paraît que ce pays fut d'abord une province de la Médie; mais en 536, *Cyrus*, fils de *Cambyse*, étendit les bornes de son royaume par la prise de Babylone, et par la conquête de l'Assyrie et de la Médie. La Perse, inconnue jusqu'alors, parvint sous *Cyrus* au plus haut point de gloire; mais, depuis *Xercès-le-Grand*, cet empire ne fit que dégénérer. Les mauvais succès des guerres contre les Grecs, abattirent le courage des successeurs de ce prince, qui, ne s'abandonnant plus qu'à leurs plaisirs, se reposèrent du soin du gouvernement sur leurs Ministres.

Artaxercès-Longuemain se borna à entretenir la division parmi les grecs. *Xercès II* et *Sogdien* déshonorèrent le trône par leurs débauches et leurs cruautés. *Darius-Nothus* et *Artaxercès Mnémon* laissèrent gouverner tantôt leurs eunuques, tantôt leurs femmes. *Ochus* fut un monstre qui fit périr toute sa famille. L'eunuque *Bagoas* encore plus méchant que lui, fit mourir *Arsès* qu'il avait élevé sur le trône pour mettre à sa place *Darius Codoman*, défait par *Alexandre* aux batailles d'Issus et d'Arbelles et tué ensuite par *Bessus*. Ce fut ainsi que l'an 332 avant J. C. la monarchie de *Cyrus* fut conquise, avec 30 mille hommes, par un prince plus pauvre que le moindre des satrapes de Perse.

Depuis ce fameux conquérant, la monarchie des perses fut déchirée par les guerres et par les dissensions domestiques, jusqu'à ce qu'*Arsacès*, roi des parthes, s'étant révolté contre *Antiochus Théos*, s'en empara l'an 250 avant J. C., et fonda un nouvel empire sous le nom de Parthes. Ses successeurs, appelés de son nom *Arsacides*, le possédèrent pendant environ 200 ans. Enfin un persan, simple soldat, qui prit le nom d'*Artaxarc*, enleva ce royaume aux parthes, l'an 229 après J. C. Les parthes et les perses ne formant plus qu'un même empire, eurent des guerres fréquentes avec les romains, et leur opposèrent toujours des barrières insurmontables.

En 651, le calife *Omar*, chef des arabes, déposséda de ce royaume les descendans du grand *Chosroës*, et le fit gouverner par des lieutenans.

En 1037, les turcs *seljouques* firent des conquêtes considérables en Perse, et formèrent deux dynasties, dont la plus considérable fut celle des *seljouques d'Iran*, qui commença en 1037, et finit en 1193.

ASIE.

Idem, t. III, p. 49 et suiv.

Hist. du Bas-Emp., par *Le Beau*, t. I, l. 4.

Hist. des Sarasins, par *Jault*

Hist de Jen-
ghis - Kan,
par*Lacroix*.

Hist. de Ta-
merlan, par
le même.

Hist. de
Tham. Kou-
ly-Kan, par
Jones.

ASIE.

L'autre dynastie, appelée *seljouques de Ker-
man*, commença en 1091, et finit en 1187. Ce
pays, après avoir éprouvé un certain nombre
de révolutions, devint, en 1193, la conquête
du prince de Karasm.

En 1218, toute la Perse fut conquise par le
tartare *Jenghis-Kan*. Ce fut *Hu-la-Ku*, son
petit-fils, qui mit fin au califat, à Bagdad, en
1258. La Perse continua d'être assujettie aux
descendans de *Jenghis-Kan*; mais elle fut divisée en un grand nombre de petites principautés, et se trouva dans une extrême confusion à
la mort d'*Abusaïd* en 1335, jusqu'en 1383, que
le fameux *Tamerlan* s'en rendit maître, comme
il avait fait de presque toute l'Asie.

Ses successeurs en ligne directe restèrent en
possession de la Perse, jusqu'à ce qu'en 1500,
un certain *Ismaël Sophi*, se disant de la famille du gendre de Mahomet, se fit un parti
considérable à la faveur de cette imposture, et
s'empara de la couronne, dont sa postérité jouit
l'espace de 200 ans.

Elle régnait encore au commencement du
18e. siècle, lorsque parut le célèbre *Nadir*, ou
Thamas Kouli-Kan, fils de berger, berger
lui-même. Il offrit ses services au prince *Thamas*, enfant du dernier sophi. Bientôt il eut
une armée. Ispahan et toute la Perse subirent la
loi. *Kouli - Kan*, qui ne combattait que pour
sa propre fortune, s'appropria tout le fruit de
ses victoires. Il fit crever les yeux à *Thamas*,
et devint roi de Perse en 1736, sous le nom de

Sha-Nadir. Thamas Kouli-Kan fut assassiné l'an 1747, à l'âge de 59 ans. *Kerim-Kan*, l'un de ses généraux, lui succéda, et après avoir gouverné avec sagesse, mourut en 1779, à l'âge de 74 ans.

Abulat-Kan, son fils aîné, occupa le trône pendant quelques mois, mais il fut déposé et renfermé la même année.

Aly-Murat-Kan, généralissime des troupes de Perse, s'étant fait donner la régence en 1780, après avoir fait crever les yeux à tous les rejetons de la famille royale, s'est rendu maître peu à peu de toutes les provinces, et règne depuis cette époque.

Voyez encore *Révolutions de Perse*, *par le* P. Ducerceau.

MÉDIE.

La Médie ancienne répond aujourd'hui à la province de Perse appelée Irak-Ajémi ou Irak Persan, entre le Ghilan et le Farkistan. Ecbatane, fondée par *Déjoces*, en était la capitale.

Les premiers temps qui nous donnent quelque connaissance de ce pays, nous l'indiquent comme province de la monarchie assyrienne.

Vers l'an 770 avant J. C., la Médie se révolta et devint indépendante. Quelque temps après, nous voyons les mèdes en possession de la Perse;

mais *Cyrus* ayant vaincu *Darius* le mède, l'an 536, les Perses obtinrent la supériorité qu'ils conservèrent toujours depuis sur ce pays.

A compter de cette époque, la Médie éprouva toutes les révolutions de la Perse.

KHORASAN.

Pays situé à l'est de la mer Caspienne, entre cette mer et l'Oxus, vers son embouchure.

Cette province était l'ancienne *Aria ;* elle fut probablement assujettie aux mèdes, et éprouva avec eux toutes les révolutions de la Perse. En 897, elle devint une partie de l'empire d'*Ismaël Sammani ;* mais vers 995, elle fut conquise par *Mahmoud Gasny.*

En 1038, les *seljouques* s'en emparèrent ; mais les sultans de Karasm les en chassèrent en 1157.

Elle se soumit à *Jenghis-Kan* en 1220, et, vers 1378, elle fut conquise par *Tamerlan.*

En 1605, les tartares *usbecks* s'en emparèrent ; mais, vers l'an 1510, les perses en reprirent la plus grande partie, qu'ils ont toujours conservée depuis

ASSYRIE (aujourd'hui ARZERUM et CURDISTAN.)

Au nord-est du Diarbekir, autrefois Mésopotamie.

Des historiens fabuleux ont donné aux princes de ce pays un empire d'une grande étendue, et d'une antiquité reculée. On peut lire dans *Rollin* ce que les historiens grecs rapportent de *Ninus* et de *Sémiramis*. Depuis cette princesse, il ne s'est passé aucun événement remarquable, jusqu'au règne du voluptueux *Serdan - Pull* (*Sardanapale*) qui, assiégé par les mèdes, se brûla avec ses femmes, l'an 770. Il se forma alors trois empires, celui des mèdes, celui des assyriens de Ninive et celui des assyriens de Babylone. *Rollin, Hist. Anc., t. II, p. 11 et suiv.*

Après avoir subi le joug des perses, ils en suivirent le sort, lorsqu'*Alexandre* en fit la conquête, et formèrent après sa mort un des plus vastes états de l'Asie sous les *Séleucides*.

L'an 65 avant J. C., ce pays devint tributaire des romains; mais la plus grande partie finit par appartenir à l'empire des parthes. *Idem, t. VII, pag. 262 et suiv. Hist. Rom., t. XI, p. 304.*

Vers 1514, *Ismaël Sophi* s'en empara, et, après avoir plusieurs fois changé de maîtres, il tomba sous la domination des turcs en 1637. *Hist. Ottomane, par Lacroix.*

BABYLONIE et CHALDÉE.

CETTE contrée était bornée à l'orient par le Tigre qui la séparait de l'Assyrie, au midi par le golfe Persique, à l'occident par l'Arabie Déserte et une partie de la Mésopotamie ; au nord, ses bornes nous sont inconnues.

Rollin,
Hist. Anc.,
t. II, p. 12
et suiv.

C'est dans la Bible qu'il faut lire l'histoire de ce pays jusqu'en 536, que sa capitale, si fameuse par les merveilles dont ses rois, et surtout *Sémiramis*, l'avaient embellie, fut prise par *Cyrus*.

La Chaldée subit les révolutions de l'empire des perses sous les grecs et les romains.

Idem,
Hist. Anc.,
t. III, p.68.
t.VI, p. 376.
Hist. des Sarasins, par
Jault.
Hist. Ottomane, par
Lacroix.

Ensuite Bagdad, ville bâtie sur le bord oriental du Tigre, par le calife *Almanzor*, devint la capitale d'un nouvel empire, sous la domination des califes sarasins, jusqu'en 1037 qu'il passa aux tartares, puis aux mogols, ensuite aux perses, enfin aux turcs en 1638.

MÉSOPOTAMIE (aujourd'hui DIARBEKIR.)

PROVINCE de la Turquie asiatique, située entre le Tigre et l'Euphrate.

Ce pays suivit toutes les révolutions du royaume d'Assyrie et de l'empire des perses, jusqu'à l'an 106 après J. C., que *Trajan* en fit la conquête ;

ensuite il changea plusieurs fois de maîtres , appartenant tantôt aux romains , tantôt aux perses ; mais en 651, les sarasins s'en rendirent maîtres, ainsi que du reste de la Perse.

En 1037, les *seljouques* s'en emparèrent ; *Jenghis-Kan* en fit la conquête en 1218.

C'est dans ce pays qu'en 1360, *Tur-Ali-Beg*, turkoman, fonda la dynastie appelée *Al-Koyunlu*, ou le Bélier blanc. En 1401, *Tamerlan* le soumit, mais ne le garda pas. Conquis ensuite par les perses , il fut définitivement réuni à l'empire turc , lors de la prise de Bagdad , l'an 1638.

ASIE.

Hist. des Sarasins , par *Jault.*

Hist. de Jenghis - Kan , par *Lacroix.*

Hist. Ottomane , par *Lacroix.*

T Y R.

ÉTAIT située er. Phénicie , pays borné au nord et à l'est par la Syrie , au sud par la Judée , et à l'orient par la Méditerranée. Aujourd'hui *Sour* dans la Sourie , région de la Turquie asiatique.

Les habitans de la Phénicie se rendirent de bonne heure puissans par le commerce, et Sidon qui fut d'abord leur capitale, était une ville florissante, avant que celle de Tyr eût été bâtie. Situés sur les côtes de la Palestine, dans un pays ingrat et stérile , ils furent industrieux, parce qu'ils eurent besoin de l'être. L'opinion qui leur attribue l'invention de l'écriture alphabétique est très-vraisemblable. Ce mot même d'alphabet, composé de leurs deux premiers caractères , dépose en leur faveur. On sait qu'ils transmirent aux carthaginois leur langue et leurs lettres, qui devinrent, dit-on, celles des grecs, avec quelques changemens.

Parmi les villes qu'ils firent bâtir, Tyr est une des plus anciennes et des plus illustres. On croit qu'Agénor, roi de Thèbes, en fut le fondateur. Cette ville fameuse avait été bâtie d'abord sur le continent; mais ayant été prise en 572 avant J. C., par *Nabuc-adon-assar*, après avoir soutenu un siége de treize ans, elle fut rebâtie dans une île au sud de Sidon.

Sous l'empire des perses, elle était devenue, par son industrie et par l'avantage de sa situation, le centre du commerce de tout l'univers, lorsqu'*Alexandre-le-Grand* la prit l'an 332, après un siége de sept mois. La ville fut brûlée jusqu'aux fondemens, et tous les habitans furent tués ou emmenés en esclavage.

Alexandre joignit cet état à celui de Sidon qu'il avait donné à *Abdolonime*.

Tyr fut bientôt rebâtie. Les sidoniens qui lors de la prise de cette ville, y étaient entrés avec les troupes d'Alexandre, se souvenant de leur ancienne alliance avec les tyriens, en sauvèrent 15000 dans leurs vaisseaux, qui relevèrent les ruines de leur patrie.

Prise ensuite par *Antigone*, elle resta soumise aux *Séleucides* jusqu'à l'an 65 avant J. C. que les romains s'en emparèrent.

Elle éprouva depuis toutes les révolutions de la Syrie et de l'empire d'Orient. En 1099, elle fut prise par les croisés, enlevée en 1120 par le sultan d'Egypte, reprise bientôt après par les chrétiens, qui la gardèrent jusqu'en 1159, qu'ils en furent chassés par les tartares.

Tyr passa sous la domination des sultans d'Egypte jusqu'en 1263, que les chrétiens la prirent encore une fois et y établirent un *archevêché*; mais en 1292 le soudan d'Egypte la mit sous le joug des mamelucks. Ceux-ci la possédèrent jusqu'en 1516, qu'elle fut prise par les turcs qui l'ont gardée depuis. Ce n'est plus qu'un misérable village.

ASIE.

Hist. des Croisades, par le *P. Maimbourg*, ou par *Voltaire*.

Hist. Ottomane, par *Lacroix*.

J U D E E.

PROVINCE de la Turquie asiatique, bornée à l'ouest par la mer Méditerranée, au nord par la Syrie, à l'est par les montagnes au-delà du Jourdain, au sud par l'Arabie.

On peut lire dans la Bible tout ce qui précède la division du royaume d'Israël et de Juda, qui eut lieu l'an 975 avant J. C. L'an 721, *Ezéchias*, roi des dix tribus qui, sous Jéroboam, s'étaient séparées de celles de Juda et de Benjamin, ayant refusé de payer le tribut que les assyriens avaient imposé à son prédécesseur, *Sennachérib*, l'emmena lui et son peuple en captivité.

En 606, *Nabuc-adon-assar*, fatigué des révoltes continuelles du peuple de Juda, l'emmena avec *Sedecias*, son roi, à Babylone.

Les juifs restèrent en captivité jusqu'à l'an 536, que *Cyrus-le-Grand* rendit l'édit fameux qui leur permettait de retourner dans leur patrie. Depuis cette époque, les juifs formèrent un état séparé, d'abord sous la dépendance des perses, puis sous celle d'*Alexandre* et de ses successeurs en Syrie, jusqu'en 153 avant J. C. qu'ils furent persécutés par *Antiochus Epiphanes.* Ce prince entreprit de ruiner le temple, la loi de Moyse et toute la nation. Mais il trouva dans la famille des *Machabées* des obstacles à ses desseins. Les héros de cette famille triomphèrent de tous les efforts d'Antiochus et de ses successeurs. Cependant l'an 61 avant J. C., *Pompée* les rendit tributaires de Rome. Ils continuèrent ainsi de former un petit état sous la dépendance des romains, jusqu'à ce que, s'étant révoltés l'an 65 après la naissance de J. C., *Titus* les assiégea l'an 70, et détruisit de fond en comble Jérusalem. C'est depuis cette époque que les juifs ont été dispersés sur la surface de la terre.

En 636, ce pays devint la conquête des sarasins, et éprouva toutes les révolutions de la Syrie jusqu'en 1099, que les croisés, sous la conduite des princes français, enlevèrent Jérusalem aux mahométans.

Godefroy en fut élu roi. Mais en 1187, elle fut reprise sur *Gui de Lusignan*, par *Saladin*, sultan d'Egypte. Elle appartint à ses successeurs, et ensuite aux mamelucks jusqu'en 1516, qu'elle fut prise par les turcs. Depuis

Crévier, Hist. des Empereurs, t. VI, p. 312.

Hist. des Sarasins, par Jault.

Hist. des Croisades, par le P. Maimbourg.

Hist. de Saladin, sultan d'Egyp., par Marin.

Hist. Ottomane, par Lacroix.

cette époque, Jérusalem appartient à l'empire ottoman.

ARABIE.

Un des plus considérables pays de l'Asie. C'est une presqu'île bornée à l'ouest par la mer Rouge, l'isthme de Suez, la Terre-Sainte et la Syrie ; au nord par l'Euphrate et le golfe Persique, à l'est par l'Océan, au sud par le détroit de Babel-Mandel.

On peut dire que les arabes n'ont jamais subi le joug étranger. Défendus par leurs déserts et par leur courage, ni *Cyrus*, ni *Cambyse*, ni les monarques qui régnèrent à Ninive et à Ecbatane, ne purent les assujettir. Si quelqu'un l'eût pu, c'eût été *Alexandre* ; mais il paraît que ces peuples ne le craignirent point. Ils ne lui envoyèrent pas même de députés, quand il tenait sous le joug l'Egypte et la Perse.

Hist. des Arabes, par le comte de Boulainvilliers.

Les arabes conservèrent également leur liberté sous les romains. Trajan ne tira quelques tributs que passagèrement de l'Arabie Pétrée.

Ce fut à la Mecque, l'an 571, que naquit le fameux *Mahomet*, qui changea la face d'une grande partie du monde. Mais c'est de l'an 611, époque de sa fuite à Médine, que date l'hégire des mahométans. L'alcoran d'une main, le sabre de l'autre, de fugitif devenu conquérant, *Mahomet* jeta les fondemens d'un vaste empire. La Mésopotamie, la Syrie, l'Egypte, l'Afrique,

Ibidem.

outre le grand royaume des perses, subirent en peu d'années la loi des arabes.

Lorsque les successeurs de *Mahomet* eurent conquis tant d'états, la discorde les divisa. En 891, s'éleva la secte des *Karmatiens*, qui s'emparèrent de toute l'Arabie, et menacèrent souvent le califat ou l'empire des sarasins, dont le siége avait été transféré à Bagdad. Cette secte se maintint jusqu'en 990 environ ; mais ensuite affaiblie par ses divisions, elle se réunit aux batanistes ou assassins. Alors *Ismaël*, neveu de *Saladin*, qui régna sur une partie de l'Arabie, prit le titre de calife. L'autorité royale passa aux turcs avec la dignité pontificale, et les arabes reprirent, dans leurs déserts, leur vie errante et pastorale.

IBÉRIE, IMÉRITIE (aujourd'hui GEORGIE ou GURGISTAN.)

Au nord de l'Arménie, de l'autre côté d'une branche du Caucase. *Il ne faut pas confondre ce pays avec l'ancienne Ibérie d'Europe (Espagne.)*

Rollin, Hist. Anc., t. X, p. 264.

Hist. de Jenghis - Kan . par *Lacroix*. — de Tamerlan, par le même.

Nous voyons un roi d'Ibérie, au temps de *Mithridate*, roi de Pont ; son nom était *Artoces*. Défait par *Pompée*, il fit la paix à des conditions honorables. Depuis cette époque, on ne sait que très-peu de chose de cette contrée, jusqu'en 1072, que les *seljouques* s'en emparèrent. *Jenghis-Kan* l'envahit en 1222 ; *Tamerlan*,

en 1384; les turkmans de l'Aderbitzan, en 1452;
les perses, en 1488; enfin les turcs, en 1536.

GRANDE ARMÉNIE (aujourd'hui ADHERBITZAN.)

Bornée à l'ouest par l'Euphrate, au sud par le Diar-bekir et le Curdistan, à l'est par le Shirvan, au nord par la Géorgie.

Ce pays fesait partie de l'ancien empire des mèdes. Il en éprouva les révolutions, jusqu'en l'an 224 avant J. C., lorsque deux des préfets d'*Antiochus* le Grand, *Zadriade* et *Artaxe*, réunirent leurs forces et s'emparèrent, le premier, de l'Arménie mineure; et le dernier, de la grande Arménie. Parmi les successeurs d'*Artaxe*, se trouve *Tigrane* le Grand, qui étendit considérablement son empire, en soumettant l'Arménie mineure et les autres provinces.

Ce prince se rendit à *Pompée*, l'an 66 avant J. C.; mais sa postérité demeura sur le trône, jusqu'à ce que *Trajan* eût réduit ce royaume en province romaine, l'an 106 de l'ère chrétienne.

Rollin, Hist. Rom., t. X, p. 258.

Crévier, Hist. des Empereurs, t. VII, p 314.

L'an 370, *Passor*, roi des Parthes, conquit ce pays, mais il fut bientôt obligé de l'aban-donner aux romains, qui, cependant ne le conservèrent pas long-temps; car il était gouverné par ses propres princes, lorsque les sarasins s'en emparèrent vers 651

ASIE.

Hist des Sa-
rasins, par
Jault.

Les turcs *seljouques* le conquirent vers 1040; après quoi il éprouva une infinité de révolutions, jusqu'à ce qu'il fût conquis par le prince de Karasm, l'an 1200. Ce dernier fut chassé par *Jenghis-Kan*, en 1222. En 1335, la *dynastie* d'Ilkanian fut fondée par *Sheik-Hassan-Ilkani*, et exista jusqu'en 1384, que *Timur-Bek* ou *Tamerlan* ajouta ce pays à ses autres conquêtes. Mais ce tartare ne le garda pas long-temps ; car c'était encore un prince de la dynastie Ilkanienne, qui régnait en 1405, lorsque *Kara-Yusef*, chef des turkmans, s'en rendit maître.

En 1488, ce pays passa aux *Sophis* de Perse ;

Hist. Otto-
mane, par
Lacroix.

mais il fut réduit par *Selim II*, en 1552. Depuis ce temps, il appartient aux turcs, excepté la partie orientale qui fait partie du royaume de Perse.

ARMÉNIE MINEURE.

Rollin,
Hist. Rom.,
t. II, p. 7.

T. VII. p. 22.

T. X, p. 126.

Crévier,
Hist. des
Empereurs,
t. IV, p. 440.

Cette province éprouva les révolutions de la grande Arménie, jusqu'environ l'an 224 avant J. C., qu'elle devint un état séparé sous *Zadriade*, qui fut son premier souverain. Mais après qu'il eut été contraint, l'an 66 avant J. C., de se rendre aux romains, ceux-ci disposèrent de l'Arménie jusqu'au règne de *Vespasien*, qui la réduisit en forme de province romaine, l'an 71 après J. C.

Dans la décadence de l'empire d'Orient, ce

pays fut souvent dans la dépendance des perses ; mais l'an 651, les sarasins le réunirent à la grande Arménie.

ASIE.

Hist. des Sarasins, par *Jault.*

L'an 1040, les tartares *seljouques* s'en emparèrent. Il fut conquis ensuite par les karasmiens, en 1200 ; et par *Jenghis-Kan*, en 1222. La dynastie des *Ilkaniens* s'y établit en 1335 ; *Timur-Bek* ou *Tamerlan* l'ajouta à ses conquêtes en 1381 ; et *Kura-Yusef*, tige des turkmans, d'où ce pays fut appelé Turkomanie, s'en rendit maître en 1405.

Hist. de Jenghis - Kan, par *Lacroix.* —de Tamerlan, par le même.

En 1488, il fut conquis avec l'Arménie par les *Sophis* de Perse ; mais en 1514, *Selim I* le soumit à l'empire Ottoman.

Hist. Ottomane, par *Lacroix.*

LE PONT,

Ancienne province de l'Asie mineure, au nord de la Cappadoce. Elle prenait son nom de sa situation le long du Pont-Euxin, ou mer Noire. C'est aujourd'hui le gouvernement de Trébisonde dans la Natolie.

Ce pays tomba sous la puissance de *Crésus*, roi de Lydie, vers 560 avant J. C., et éprouva les révolutions de la Lydie et de la Perse, jusque vers l'an 300 avant J. C., où il devint indépendant des macédoniens.

Rollin, Hist. Anc., t. II, p. 113 et suiv.

Dans la suite, les rois de Pont ajoutèrent à leurs états toute la Cappadoce, la Paphlagonie, et une grande partie de la Bithynie. *Mithridate*, surnommé *Eupator*, fut regardé comme un des plus puissans monarques qui régnèrent jamais dans l'Orient. Ce prince, l'ennemi le plus redoutable des romains depuis Annibal, après avoir tenu tête pendant quarante ans à leurs plus grands généraux, *Sylla*, *Lucullus* et *Pompée*, désespéré enfin de ce qu'un de ses fils avait embrassé le parti des romains, finit, comme le général carthaginois, par se donner la mort, l'an 64 avant J. C. Depuis cette époque, ce pays demeura à la disposition des romains.

A la prise de Constantinople, en 1204, *Alexis Comnène*, à la faveur des troubles qui survinrent entre les latins, établit un nouvel empire, qui comprenait une partie considérable du Pont, et qui fut connu dans la suite, sous le nom d'empire de Trébisonde. Les *Comnènes* en furent possesseurs pendant plus de deux cent cinquante ans, jusqu'à l'époque où *Mahomet II* emmena, en 1459 le dernier empereur, *David Comnène*, captif avec toute sa famille à Constantinople.

BITHYNIE (Aujourd. BEC-SANGIL),
DANS LA NATOLIE.

CE pays était un royaume séparé avant *Crésus*, qui vainquit *Prusias*, roi de Bithynie, environ 560 ans avant J. C. Il éprouva ensuite les révolutions de la Perse, jusqu'en 332 avant J. C., où *Alexandre-le-Grand* en fit la conquête.

Après la mort de ce prince, la Bithynie fut

gouvernée par ses propres rois, chez l'un des-
quels, nommé *Prusias II, Annibal* se réfu-
gia après avoir quitté la cour d'*Antiochus*. *Ni-
comède IV*, le dernier de cette race, abandonna ses états aux romains, l'an 40 avant J. C.

Ils firent partie de l'empire d'Orient jusqu'en
1087, qu'une partie fut envahie par les princes
de la dynastie des *Seljouques*, appelés *Rum*.
Ce nouveau royaume commença dans la personne de *Soliman*, fils de *Kotolsmish*, neveu
de *Trogul-Bek*; mais en 1244 il redevint tributaire de l'empire. Ce fut sous les ruines de
cette dynastie, que s'élevèrent les turcs ottomans
qui, en 1298, conquirent une partie de la Bithynie. En 1327 ils s'emparèrent de Pruse, qui
fut pendant plusieurs années le siége de leur
empire, jusqu'à ce qu'ils eussent étendu leurs
conquêtes en Europe.

ASIE.

Rollin, Hist. Anc., tome VIII, page 515.

Hist. Otto-mane, par *Lacroix*.

LYDIE.

Petit pays de la Turquie asiatique, appelé aujourd'hui
Karasie, dans la Natolie propre.

La Lydie, selon le témoignage des anciens
écrivains, fut premièrement appelée Mœonie,
d'après *Mœon*, roi de Phrygie et de Lydie.

Les lydiens étaient une nation très-ancienne;
elle comptait une longue suite de rois jusqu'à
Crésus, si connu par ses richesses; mais, en

544 avant J. C., ce prince fut vaincu à Thym-brée, par *Cyrus*, qui l'assiégea et le prit dans Sardes, sa capitale.

La Lydie éprouva les révolutions de l'empire des perses jusqu'en 283 avant J. C., où elle fit partie du royaume de Pergame, qui commença sous *Philetère*, surnommé l'*Eunuque*, tréso-rier de *Lysimaque*, roi de Thrace, et finit à la mort d'*Attale III*, qui institua le peuple romain héritier de ses biens, l'an 133 avant J. C.

La Lydie fit ensuite partie de l'empire d'Orient, jusques vers l'année 1327, où les turcs la con-quirent.

PHRYGIE.

Ce petit pays était borné au nord par le Pont et la Bithynie ; à l'ouest par la Mysie, la mer Egée, la Lydie, la Mœonie et la Carie ; au sud par la Lycie, et à l'est par la Pamphilie et la Galatie. Il fait aujourd'hui partie de la Natolie et de la Caramanie, provinces de la Turquie asiatique.

La Phrygie se divisait en grande et en petite. Cette derniere comprenait la Troade, devenue si célèbre par l'événement qui a fourni le sujet d'un des chef-d'œuvres de l'esprit humain, et qui sert encore de principale époque aux annales des nations.

Depuis la ruine de Troie, l'an 1184 avant J. C.,

l'on ignore ce que devint la Phrygie jusqu'en 560, où elle fesait partie , sous *Crésus* , du royaume de Lydie , dont elle subit ensuite les révolutions.

Voyez aussi le Voyage dans la Troade , par *le Chevalier*. 3 vol. *in-8°*. et atlas *in-4°*.

THRACE (aujourd'hui ROUMÉLIE,)

Bornée au nord par la Bulgarie , à l'est par la mer Noire , au sud par l'Archipel et la mer de Marmara , à l'ouest par la Macédoine et la Bulgarie.

Ce pays , devenu si célèbre par la grandeur et l'importance de sa capitale , était originairement habité par un peuple guerrier , dont l'histoire se perd dans les temps fabuleux. Bysance , qui devait jouer un jour un si grand rôle dans l'histoire , fut fondée sur le Bosphore de Thrace , par le chef obscur d'une colonie de Mégare , environ 650 ans avant J. C. Cette ville , d'abord indépendante , tomba successivement sous la puissance de *Darius* , des *Ioniens* , de *Xerxès*. *Pausanias* l'assujettit aux lacédémoniens , l'augmenta et y établit une nouvelle colonie. Sept ans après , les athéniens s'en emparèrent , et ces deux républiques s'en disputèrent long-temps la possession.

A la faveur des querelles de Sparte et d'Athènes , les byzantins recouvrèrent leur liberté ,

ASIE.

Le Bean, Hist. du Bas-Emp., t. I.

Hist. des Croisades, par le *P. Maimbourg.*

Hist. Ottomane, par *Lacroix*, ou Révolutions de Constantinople, par *Lévêque* de *Burigny.*

rendirent respectables leurs forces maritimes, et résistèrent à *Philippe* de Macédoine, qui les assiégea inutilement; mais après avoir fait partie de l'empire d'*Alexandre-le-Grand*, ils cédèrent, avec le reste de la Grèce, à la valeur romaine, l'an 168 avant J. C.

Dans la décadence de l'empire, la Thrace, avec son territoire, fut fréquemment envahie par les barbares. Ce fut peut-être pour leur opposer une barrière, que *Constantin-le-Grand* transporta, l'an 328 de l'ère chrétienne, le siége de l'empire à Byzance, qui fut appelée Constantinople, du nom de son nouveau fondateur.

Cette métropole de l'empire d'Orient, située sur les limites de trois parties du monde, fut pendant plusieurs siècles l'asile des sciences et des arts proscrits du reste de l'Europe. En 1204, les croisés en firent la conquête, sous les ordres de *Baudouin*, comte de Flandres. Mais les grecs, aidés même par les mahométans contre tous les croisés, reprirent Constantinople l'an 1261.

La Thrace fut aussi le premier pays de l'Europe, dans lequel les turcs pénétrèrent en 1357. En 1360, ils prirent Andrinople, et en 1453, *Mahomet II* arbora le croissant, où Constantin avait planté la croix, 1125 ans auparavant.

CRIMÉE,

Bornée à l'ouest et au sud par la mer Noire, à l'est par la mer d'Azof ou de Zabache, au nord par la Russie.

Ce pays était l'ancien Bosphore, habité par les tauroscythes; et la Péninsule, qui en forme une partie principale, se nommait Chersonèse Taurique. Elle était gouvernée par ses rois, lorsque les romains y portèrent leurs armes. *Pharnace*, l'un d'eux, fut défait par *César*, 47 ans avant J. C. Mais ce pays ne fut jamais assujetti à la domination des romains.

Rollin, Hist. Rom., t. XIV, p. 108.

En 1266, les génois prirent Caffa sur les tartares, et s'ouvrirent de là, par la mer Caspienne, le commerce de l'Inde. En 1471, cette ville fut prise sur les génois par *Mahomet II*, qui y établit *Mengheli Kerai*, qui avait été un des Kans de Kipshack ou d'Astracan, lorsque les russes firent la conquête de ce pays.

Hist. Ottomane, par *Lacroix*.

La Crimée resta long-temps dans une sorte de dépendance de la Porte, jusqu'à la cession que cette puissance en fit à la Russie par le traité de 1774.

MACÉDOINE.

Le royaume de Macédoine resta pendant 400 ans dans l'obscurité, jusqu'à ce qu'il eût pour maître un grand homme.

L'an 360 avant J. C., *Philippe* trouva, dans la g erre sacrée, l'occasion d'établir sa puissance ; il devint par la victoire de Chéronée, l'arbitre de la Grèce, et prépara la grandeur de son fils *Alexandre.*

L'an 334 avant J. C., ce jeune prince entreprit cette fameuse expédition, dont la mémoire, malgré l'intervalle de tant de siècles, se conserve encore avec éclat dans l'Orient. En moins de six ans, il renversa la puissante monarchie des Perses, poussa ses conquêtes jusque dans la Bactriane (Balkht) et dans la Sogdiane (Samarcand), pénétra dans le désert des scythes (tartares usbecks), et soumit en vingt mois l'Inde jusque près du Gange.

Après sa mort, l'an 324 avant J. C., la Macédoine, comme les autres parties de son empire, passa à ses généraux, et resta entre les mains de leurs descendans jusqu'en l'an 168 avant J. C., que *Persée* fut vaincu par *Paul Emile*, près de Pydna, et son royaume réduit en province romaine.

La Macédoine fit partie de l'empire d'Orient, ensuite de l'empire grec jusqu'en 1392, que les turcs y entrèrent sous *Bajazet IV;* mais il n'en achevèrent la conquête que vers l'an 1430, sous *Amurath II.*

ÉPIRE (aujourd'hui BASSE ALBANIE,)

Bornée au nord par l'Albanie, à l'est par la Thessalie, au sud par l'Achaïe, à l'ouest par la mer de Grèce.

Ce petit pays eut pour roi, dans les temps héroïques, *Pyrrhus*, fils d'*Achille*. Depuis cette époque, son histoire mérite peu d'être connue jusque vers l'an 280, qu'un autre *Pyrrhus*, un des plus grands guerriers de la Grèce, formé à l'école des capitaines d'*Alexandre*, se signala dans les guerres qu'il fit aux romains.

Rollin, Hist. Anc., tome VII, p. 271.

L'an 280 avant J. C., à la mort de *Déidamie*, dernière princesse des *Eacides*, qui fut assassinée par ses sujets, parce qu'ils ne voulaient point vivre sous le gouvernement d'une femme, les *épirotes* se formèrent en république, que *Paul Emile* réduisit en l'an 167. En un jour toutes les villes furent emportées, et tous les habitans furent faits esclaves.

T. IX., p. 161.

L'Épire fit ensuite partie de l'empire d'Orient.

A la prise de Constantinople par les latins en 1204, *Michel Angelus* s'empara de ce pays, et sa postérité le posséda jusqu'à ce qu'il fût pris par les turcs, sous *Amurath II*, l'an 1432.

Le Beau, Hist. du Bas-Empire, t. XX, p. 425.

Mais quelques années après, vers 1447, le fameux *Scanderberg*, fils d'un prince d'*Albanie*, conçut et exécuta le dessein de n'avoir plus

Vie de Scanderberg, par *Duponcel*, jésuite.

EUROPE.

Hist. Otto-
mane , par
Lacroix.

de maître. Il sut se soutenir avec tant d'habileté
dans les montagnes de l'Epire, qu'il eut seul la
gloire de repousser les armées victorieuses de
Mahomet II. Ce ne fut qu'après sa mort, que
cet empereur réduisit l'Epire l'an 1466.

THÈBES,

CAPITALE de l'ancienne Béotie, aujourd'hui Thiva, dans
la Livadie, à 10 lieues nord-ouest d'Athènes.

Rollin ,
Hist. Anc. ,
t. II , p. 498.

Cadmus, phénicien d'origine, fonda cet état
l'an 1519 avant J. C. Mais *Xuthus*, le dernier
des rois de cette race, ayant été tué dans un
combat particulier contre *Mélanthus*, roi d'A-
thènes l'an 1320, Thèbes se constitua en république.

A la fin de la guerre du Péloponèse, les lacédémoniens qui, après la prise d'Athènes, étaient
T. V. p. 366.
devenus le peuple le plus puissant de la Grèce,
s'emparèrent de Thèbes. Mais l'an 379 avant J. C.,
Pélopidas délivra sa patrie de la tyrannie du
gouvernement que les lacédémoniens y avaient
établi. Cette époque fut celle de la gloire de
Thèbes. Elle joua un rôle brillant dans les affaires de la Grèce; mais la supériorité des thébains
dépendait d'un seul homme, et bientôt ils la perdirent en perdant *Epaminondas* à la bataille de
Mantinée.

L'an 363 avant J. C., Thèbes s'étant unie avec
les athéniens contre *Philippe*, roi de Macé-

doine, ce prince la prit et la força de recevoir EUROPE.
garnison macédonienne. A la mort de *Philippe*,
elle essaya de secouer le joug, en massacrant
une partie de la garnison. Mais *Alexandre* la
punit d'une manière terrible ; il la détruisit toute
entière, à la réserve des maisons des prêtres et
des descendans du poète *Pindare*, et vendit
les habitans comme esclaves.

Elle fut rétablie vingt ans après par *Cassan-*
dre; mais, étant entrée dans la ligue des Achéens,
elle tomba sous le joug des romains, qui en
détruisirent les fortifications l'an 145 avant J. C.

Elle subit ensuite le sort du reste de la Grèce.
Prise par les latins en 1204, reprise par les grecs
en 1261, elle est demeurée aux turcs depuis
1458; mais ce n'est plus qu'un misérable village.

Rollin,
Hist. Anc.,
t. VI, p. 183.

T. X, p. 158.

Hist. Otto-
mane, par
Lacroix.

ATHÈNES,

Cʌᴘɪᴛᴀʟᴇ de l'ancienne Attique, aujourd'hui Setines,
(partie de la Livadie actuelle) située sur le golfe d'Engia.

Nul peuple n'a débité tant de fables sur son
origine, que les grecs. Chaque ville de ce petit
coin de la terre, si fécond en grands hommes,
se donne une origine céleste. En écartant ce qui
n'appartient qu'à la mythologie, il paraît certain que *Cecrops*, originaire d'Egypte, fonda
Athènes l'an 1556 avant J. C. Depuis *Cecrops*
jusqu'à *Codrus*, on compte seize rois dans l'espace d'environ quatre siècles.

Rollin,
Hist. anc.,
p. 135.

EUROPE.

Rollin,
Hist. Anc.,
t. II, p. 467
et suiv.

L'an 1070 , *Codrus* s'étant dévoué pour la patrie à une mort glorieuse dans une guerre contre les *Héraclides* qui commandaient les spartiates , Athènes profita d'un différend survenu entre les fils de *Codrus* , pour se former en république. On déclara Jupiter seul roi d'Athènes , et neuf archontes furent chargés du gouvernement. Cette magistrature fut , dans l'origine , perpétuelle et héréditaire pendant trois siècles , on en réduisit ensuite la durée d'abord à deux ans , puis à un. L'an 594 avant J. C. , *Solon,* consultant plutôt le génie des athéniens que leurs vrais intérêts , leur donna une forme de gouvernement démocratique. Mais pendant l'absence de ce législateur , *Pisistrate* ayant usurpé la souveraineté , sut rendre son joug presqu'insensible , en le rendant agréable. Ses deux fils *Hippias* et *Hipparque* partagèrent son autorité après sa mort , mais ils ne surent pas la conserver. Le premier périt victime du ressentiment de deux citoyens ; le second , devenu cruel , fut chassé comme un tyran.

Idem, t. III,
page 118 et
suiv.

La guerre que ces républicains soutinrent contre *Darius ,* offre des traits étonnans de courage et de grandeur d'ame , et les noms de *Miltiade ,* d'*Aristide ,* de *Thémistocle* sont devenus familiers à tous les siècles : cependant Athènes , abandonnée par ses habitans , fut prise par *Xerxès* en 480 ; mais s'étant rétablie après les défaites que les perses essuyèrent successivement aux combats de Platée , de Salamine et de Mycale , cette ville devint insensiblement la plus

puissante de toute la Grèce. Athènes, sous le
gouvernement de *Périclès*, devint le séjour de
la politesse et du bon goût, le pays des orateurs
et des philosophes ; mais le mécontentement
général qu'excita l'emploi qu'il fesait des con-
tributions de toute la Grèce à l'embellissement
de la seule ville d'Athènes, arma contre cette
ville tous les autres peuples.

La guerre civile du Péloponèse, qui dura 27
ans, fit plus de mal à Athènes que toutes les armées du grand roi n'avoient fait. Prise par le
lacédémonien *Lysandre*, l'an 403, elle souf-
frit sous les trente tyrans qu'il y établit, tout ce
que l'esclavage a de plus horrible ; mais elle ne
tarda pas à trouver un vengeur.

Rollin, Hist. Anc., t. IV, p. 92.

En 391, *Trasybule*, à la tête des bannis et
des fugitifs, attaqua les tyrans, les chassa et rétablit l'ancien gouvernement.

Idem, t. IV, p. 120.

Les Athéniens jouirent de leur liberté jusqu'à
ce que *Philippe*, roi de Macédoine, autant par
l'adresse de sa politique que par la force de ses
armes, parvint à les mettre sous sa dépendance.
Ils voulurent s'en affranchir à la mort d'*Alexandre* ; mais ils n'avaient plus la vertu, ni le courage que demande la liberté. Ils reçurent successivement la loi d'*Antipater*, de *Cassan-
dre*, de *Démétrius Poliorcète* ; enfin, ayant
pris le parti de *Mithridate* contre les romains,
ils furent assiégés et vaincus par *Sylla*, l'an 86
avant J. C.

Athènes alors fit partie, avec le reste de la

Le Beau,
tom. XX, p.
425, et XXI,
p. 1.

Grèce, de l'empire romain, et passa ensuite
dans l'empire d'Orient.

A la prise de Constantinople par les latins en
1204, cette ville, ainsi que les autres places maritimes de la Morée, se donna aux vénitiens.

Histoire de
Venise, par
Laugier.

Prise ensuite par les turcs l'an 1455, reprise
par les vénitiens en 1687, elle retomba, peu de
temps après, sous la domination des mahomé-

Hist. Otto-
mane, par
Lacroix.

tans, qui n'ont cessé depuis de dominer dans ces
belles contrées.

Voyez Histoire de la Grèce, par *Bernard*.
　　　Observations sur l'Histoire de la Grèce, par *Mably*.
　　　Voyage d'Anacharsis.
　　　Lettres de *Savary*, sur la Grèce.

ACHAÏE,

Pʀᴏᴠɪɴᴄᴇ du Péloponèse, au nord-ouest, qui ne tient
au continent de la Grèce que par l'isthme de Corinthe.

Rollin,
Hist. Anc.,
t. II, p. 503.

La contrée de l'Achaïe fut ainsi nommée
d'*Acheus*, fils de *Xuthus*, qui vint s'y établir.
Sycione en fut long-temps la capitale. L'Achaïe
avait été, dès les temps les plus anciens, le
centre de la ligne des villes de cette partie de
la Grèce ; mais elle ne joua un rôle brillant que
vers 280 avant J. C., sous l'illustre *Aratus*,

T. VII, pag.
243 et 489.

qui défendit courageusement la liberté de son
pays contre les rois de Macédoine, *Antigone*
et *Philippe*.

Mummius, général romain, mit fin à cette
ligue par la prise de Corinthe, l'an 146 avant
J. C.

Lorsque les latins se rendirent maîtres de
Constantinople en 1204, les villes maritimes de
l'Achaïe s'étaient données aux vénitiens ; mais,
au rétablissement de l'empire grec en 1261,
elles en firent partie jusqu'en 1456, que l'Achaïe
fut réduite par *Mahomet II*. Les turcs en furent
chassés par les vénitiens en 1680 ; mais ils la
reprirent en 1715.

EUROPE.

T. X, p. 240.

Histoire de
Venise, par
Laugier.

Hist. Otto-
mane, par
Lacroix.

SPARTE,

Capitale autrefois de la Laconie, aujourd'hui Misitra,
dans la Morée.

Ce pays célèbre ne commença à dater dans
l'histoire qu'à l'époque de la réforme qu'y intro-
duisit *Lycurgue* l'an 870. Jusqu'alors il avait
été gouverné par les descendans d'*Hercule* ou
Héraclides, auxquels ce législateur conserva
toujours la puissance royale ; mais l'autorité
du roi était balancée par celle du sénat et des
éphores.

Les spartiates s'illustrèrent par la part glorieuse qu'ils prirent dans la guerre des perses,
ensuite par la prise d'Athènes, l'an 403 avant
J. C.

Mais lorsqu'ils n'eurent plus de rivaux, ils
perdirent la supériorité qu'une noble émulation

Rollin,
Hist. Anc.,
t. III, p. 28,
et t. II, pag.
514 et suiv.

Idem, t. III,
pag. 233 et
suiv.

T. IV, p. 89.

leur avait fait acquérir. Après avoir été humiliés par les thébains aux batailles de Leuctres et de Mantinée, ils subirent eux - mêmes le joug de différens tyrans domestiques. Le célèbre *Philopœmen*, ayant défait *Mechanidas* et *Nabis*, fit entrer les lacédémoniens dans la ligue des achéens.

L'an 192 avant J. C., s'étant détachés du parti des alliés, ils s'unirent aux romains contre eux; mais, quoiqu'ils aient tenu le parti du vainqueur, l'on peut dire qu'à la prise de Corinthe, l'an 146 avant J. C., cette république, autrefois le rempart de la liberté des grecs, disparut, en quelque sorte, de l'histoire des peuples célèbres.

Vespasien la réduisit, avec le reste de la Grèce, en province romaine. Dans les derniers temps des empereurs grecs, ce territoire était gouverné par des despotes particuliers , qui payaient tribut aux empereurs. Le dernier fut *Thomas Paléologue*, que *Mahomet II* déposséda en 1456.

Sparte passa, avec le reste de la Morée, sous la domination des vénitiens, vers 1687. Mais les turcs l'ayant reprise en 1715, Sparte et Athènes, autrefois rivales, sont confondues aujourd'hui dans le même assujettissement.

MESSÉNIE,

PROVINCE DU PÉLOPONÈSE.

Ce pays, voisin de la Laconie, fut envahi par

les spartiates l'an 632 avant J. C. Il se révolta en
607, et fut réduit encore l'an 588. Cette seconde
guerre est remarquable par la victoire que pro-
cura aux lacédémoniens le poëte *Tyrtée*, en
leur inspirant, par ses chants, un enthousiasme
guerrier. A la suite de cette défaite, un grand
nombre de messéniens, préférant l'exil à l'esclavage, s'expatrièrent et allèrent fonder Messine en Sicile.

Les messéniens, rendus à leur premier état
de liberté, par *Epaminondas* en 369, entrèrent l'an 280, comme état libre, dans la ligue
des achéens.

Mais s'en étant détachés, ils défirent les achéens
en 189. Ce fut dans cette guerre que périt le fameux *Philopœmen*, qu'on a appelé le dernier
des grecs. Les achéens, cependant, ne tardèrent
pas à reprendre la supériorité, et alors la Mes-
sénie suivit le sort de Sparte.

EUROPE.

Rollin, Hist. Anc., tome III, p. 40 et suiv.

T. IX, pag. 229.

V. Sparte.

CRÈTE (aujourd'hui CANDIE.)

La plus considérable île de la mer Égée.

Les idéens, les dactyles et les curètes furent
les premiers habitans de cette île si célèbre par
le règne du sage *Minos*.

Après lui, la Crète se divisa en petites républiques; mais l'an 68 avant J. C., elles furent
toutes assujetties à l'empire romain.

Conquise en 812 par les sarasins, cette île fut

Rollin, Hist. Anc., t. II., p. 485.

 reprise par les grecs en 954; et, lorsque les latins s'emparèrent de Constantinople en 1204, elle tomba au pouvoir des vénitiens.

Mais, en 1645, les turcs la reprirent sur eux, à l'exception de la ville dont le siege, le plus long et le plus mémorable de l'histoire, dura près de vingt ans. Ce siége tantôt tourné en blocus, tantôt ralenti et abandonné, puis recommencé à plusieurs reprises, fut fait dans les formes deux ans et demi sans relâche; la ville enfin, n'offrant plus qu'un monceau de cendres, fut rendue aux turcs avec l'île entière en 1669.

Hist. des Sarasins, par Jault.

Le Beau, t. XIV, p. 225.

Laugier, Histoire de Venise.

Hist. Ottomane, par Lacroix.

R H O D E S en A S I E.

ILE de la Méditerranée, sur la côte méridionale de la Natolie.

Après les telchines, les doriens, qui les chassèrent, furent les premiers habitans de cette île. Dans le temps de la guerre de Troie, les rhodiens étaient gouvernés par des rois; mais, vers 490 avant J. C., ils se formèrent en république.

Rollin, Hist. Anc., t. II, p. 8.

La ville de Rhodes, destinée à soutenir des siéges mémorables, fut bâtie vers le temps de la guerre du Péloponnèse. Prise ensuite par *Artémise*, reine de Carie, elle ne tarda pas, avec le secours des athéniens, à recouvrer son indépendance.

T. V, p. 537.

Tome VII, page 215.

En 331, les rhodiens se rendirent à *Alexan-*

dre-le-Grand; mais, à sa mort, ils chassèrent
la garnison macédonienne.

En 303, cette ville se rendit fameuse par le *Rollin,*
siége qu'elle soutint contre *Démétrius Polior-* Hist. Anc.,
cète, et qui finit par un traité avec ce prince. p.241 et suiv.

On raconte que ce fut avec le produit de la
vente des machines de guerre employées à ce
siége, que les rhodiens firent jeter en fonte ce
fameux colosse d'airain, dédié au soleil, qui,
s'élevant de 150 pieds de hauteur, les pieds po-
sés sur deux môles de marbre, laissait voguer
sous lui les plus gros navires.

L'an 166, Rome admit les rhodiens dans son T. IX, p. 183.
alliance; dans les guerres civiles qui suivirent
la mort de *César*, *Cassius* la prit et la pilla;
et l'an 71 de l'ère chrétienne, elle fut réduite par
Vespasien, sous la forme d'une province romaine.

Les sarasins en firent la conquête l'an 652; Hist. des Sa-
mais dans les guerres civiles qui eurent lieu rasins, par
entre les sarasins, les grecs la reprirent vers *Jault.*
l'an 910.

En 1124, on voit les vénitiens s'en emparer;
mais les grecs, sous *Jean Ducas*, ne tardèrent
pas à la reprendre.

Les turcs l'envahirent en 1283. En 1310, elle
leur fut enlevée par les chevaliers de Saint-Jean
de Jérusalem. La fortune de *Mahomet II* échoua
contre Rhodes l'an 1480; mais en 1522, après *Vertot,*
un siége mémorable, elle fut obligée de céder Histoire des
aux forces de *Soliman II* qui l'enleva au grand chev. de Jé-
maître *Villiers l'Isle-Adam.* Depuis cette épo- rusalem.

que, elle appartient aux turcs. Il est à remarquer que dans les trois siéges importans qu'ont soutenus les chevaliers de Saint-Jean de Jérusalem, ce sont trois français qui étaient grands-maîtres. D'*Aubusson* qui défendit Rhodes, l'*Isle-Adam* qui n'en sortit qu'après des prodiges de valeur et après y avoir fait périr 180 mille turcs, et le troisième *Parisot la Valette*.

S I C I L E,

La plus grande et la plus considérable des îles de la Méditerranée, entre l'Afrique et l'Italie, dont elle est séparée par le détroit appelé le Phare de Messine.

Le plus ancien nom sous lequel la Sicile soit connue, est celui de *Trinacria*, qui désigne sa forme triangulaire. Elle porta le nom de Sicania, de *Sicanus*, roi des ibériens, qui vint s'y établir. Enfin elle fut appelée Sicile, des sicules, peuples d'Italie, qui ayant été chassés par les aborigènes, passèrent dans la Sicile qui prit leur nom.

Les habitans de la Sicile étaient divisés, comme la plupart des peuples primitifs, en petits états. Cette île fut peuplée en partie de colonies grecques, et eut, comme la Grèce, beaucoup de petits tyrans.

Rollin, Hist. Anc., t. 1, p. 248.

L'an 503 avant J. C., les carthaginois qui portaient par-tout leurs armes et leur commerce, y

firent une descente et en occupèrent insensible-
ment une grande partie. Cependant ils ne purent
pas s'emparer de Syracuse. Cette ville qui était
alors la plus puissante de la Sicile, avait mis
l'autorité entre les mains de *Gélon*, mort 478
ans avant J. C. *Hieron* et *Thrasybule*, ses deux
frères, furent placés successivement sur le trône
de Syracuse. Les deux *Denys*, *Timoléon* et *Aga-
thocle*, gouvernèrent ensuite, tantôt en tyrans,
tantôt en bons princes.

La Sicile fut long-temps le théâtre de la guerre
entre les carthaginois et les romains. Mais l'an
242 avant J. C., les carthaginois, par le traité
qui termina la première guerre punique, furent
forcés de céder aux romains tout ce qu'ils y possédaient, et l'an 212, durant le cours de la seconde guerre punique, la prise de Syracuse par
Marcellus, entraîna la soumission entière de
l'île au pouvoir des romains. La Sicile fut leur
première conquête hors du continent de l'Italie.

Dans la décadence de l'empire, en 439 et 440,
Genseric, à la tête des vandales, en fit la conquête; mais environ un siècle après, en 635,
ceux-ci, amollis par les délices de cette contrée,
furent détruits par l'illustre *Bélisaire*, général
de l'empereur *Justinien*.

En 649, les sarasins s'y établirent; et leurs Hist. des Sarasins, par
Jault.
gouverneurs, qu'on appelait *émirs*, se maintinrent dans une partie de cette île, et les grecs
dans l'autre, jusqu'en 1041 que les sarasins et les
grecs furent chassés par les normands, sous la *Veli*,
Histoire de
France.
conduite de *Roger*. Devenu souverain par ses

exploits, *Roger* fit ériger, par le pape *Urbain II* son prisonnier, la Sicile en royaume.

Son fils recueillit tout l'héritage de la maison normande. Il se fit couronner et sacrer roi de Sicile et de la Pouille. Ce prince étant mort sans enfans, *Tancrède*, bâtard de cette race, fut reconnu roi par le peuple et par le saint-siége. Mais les empereurs d'Allemagne ne regardant les conquérans normands que comme des usurpateurs, il en résulta nombre de guerres dont les événemens sont liés avec l'histoire du royaume de Naples auquel celui de Sicile fut réuni en 1443. Ce fut dans l'une de ces guerres, sous le cruel *Pierre III*, roi d'Arragon, l'an 1282, qu'eut lieu le massacre horrible connu sous le nom de *vêpres siciliennes*, où tous les français qui se trouvaient en Sicile, furent égorgés à la même heure.

Voyez aussi Histoire générale de la Sicile, depuis qu'elle a commencé à être habitée jusqu'à nos jours, par *Burigny*.

NAPLES.

CE pays, connu des anciens sous le nom de grande Grèce, occupe toute la partie méridionale de l'Italie. Il est borné à l'est par la mer de Grèce, au nord par le golfe de Venise, à l'ouest par l'état de l'Eglise, et au sud par la mer de Toscane.

Le royaume de Naples excita de bonne heure

l'ambition des romains qui le soumirent dès les premiers temps de la république. Dans le cinquième siècle il devint la proie des Goths, et ensuite celle des Lombards, qui en furent maîtres jusqu'à ce que *Charlemagne* les chassât de ce royaume. Les successeurs de ce prince le partagèrent avec les empereurs grecs, qui peu à peu s'en rendirent totalement maîtres. Mais les sarasins les en dépouillèrent dans le neuvième et le dixième siècles, et s'y rendirent très-puissans.

Cependant les empereurs d'Orient continuaient de disputer la souveraineté de ces beaux pays aux empereurs d'Occident, tandis que des seigneurs particuliers en partageaient les dépouilles avec les mahométans. Les empereurs d'Orient restèrent en possession de la Pouille et de la Calabre, qu'ils gouvernaient par un Catapan. Des seigneurs avaient usurpé *Salerne*; d'autres seigneurs, Bénevent et Capoue; Naples et Gaëte étaient de petites républiques.

Ce fut alors que parurent les fils de ce fameux *Tancrède de Hauteville*, gentilhomme du territoire de Coutances, qui, se voyant une famille nombreuse, envoya ses deux aînés chercher fortune en Italie. Ces deux chevaliers nommés, *Guillaume*, dit *Bras de fer*, et *Drogon*, à la tête de 3 ou 400 normands et des aventuriers qui se joignirent à eux, se mirent au service de *Rainulfe*, seigneur de Capoue, firent la guerre aux sarasins, et renouvelèrent en Italie les prodiges des siècles héroïques. *Robert Guiscard*, l'un d'eux et frère puîné de *Bras de fer* et de *Drogon*, se-

EUROPE.

Histoire de l'origine du royaume de Naples et de Sicile, par le *P. Buffier*, jésuite, ou Histoire de Naples, par *Giannone*.

rendit le plus illustre, et remporta de grands avantages sur les sarasins. Il laissa deux fils dont l'un nommé *Roger*, eut en partage la Pouille et la Calabre. Tels furent les commencemens du royaume de Naples.

Un autre *Roger*, oncle du précédent, s'était rendu maître de la Sicile en 1058. En mourant, il laissa deux fils, dont l'un nommé *Roger II*, s'empara de la Pouille et de la Calabre, après la mort de *Guillaume*, descendant de *Robert Guiscard*; en sorte que les deux royaumes de Naples et de Sicile furent réunis en 1129. *Constance*, dernière princesse du sang des *Roger*, et héritière des deux royaumes, les porta en mariage, en 1186, à *Henri VI*, fils de l'empereur *Barberousse*.

Après la mort de *Conrad*, leur petit-fils, en 1258, *Mainfroi*, son frère bâtard, fut reconnu son héritier; mais *Charles* de France, comte d'Anjou, frère de *Saint Louis*, ayant été investi du royaume de Naples et de Sicile par le pape *Clément IV*, en 1265, défit et tua *Mainfroi* l'année suivante, dans les plaines de Bénevent. Ensuite ayant pris dans un autre combat le jeune *Conradin*, qui avait recueilli la riche succession de *Mainfroi*, comme véritable héritier du royaume, il fit trancher la tête à ce prince.

Les descendans de *Charles* de France possédèrent la couronne jusqu'en 1384, que *Jeanne I* adopta par son testament, *Louis I*, duc d'Anjou, fils du roi *Jean*. En même temps *Charles de Duras* ou *Durazzo*, cousin de cette reine, se plaça sur le trone. Cette rivalité occasionna une longue guerre entre les deux princes, et même entre leurs successeurs.

La postérité de *Charles de Duras* se maintint malgré les prétentions des successeurs du comte d'Anjou, qui portaient aussi le titre de rois de Naples.

Jeanne II, de la maison de *Duras*, dernière souveraine du royaume de Naples, institua pour son héritier, en 1434, par son testament, *René d'Anjou*, ce qui donna à cette maison un double droit sur ce royaume, mais *René* ne put le conserver. Alphonse, roi d'Arragon et de Sicile, le lui enleva en 1447. *Alphonse* laissa la couronne napolitaine à *Ferdinand*, son fils naturel. Ce nouveau roi reçut l'investiture du pape au préjudice de la maison d'Anjou. Il mourut en 1494, laissant une mémoire peu respectée et une famille malheureuse à qui *Charles VIII* enleva momentanément ses états, sans pouvoir les garder. Louis XII fit aussi des tentatives qui furent infructueuses. Enfin ce trône passa aussi, en 1700, à un prince de la maison de Bourbon, *Philippe V*, roi d'Espagne, et c'est un des descendans de ce monarque qui a cessé de régner en 1806, où cette couronne a passé sur la tête de *Joseph*, l'un des frères de notre auguste empereur.

PAYS DES SAMNITES.

Les samnites habitaient les montagnes entre le Latium et l'Apulie.

Rollin,
Hist. Rom.,
t. III. p. 125
et suiv.

Ce peuple belliqueux descendait des lacédémoniens. Ils se montrèrent dans une longue suite de combats, dignes rivaux des romains. Ce ne fut qu'après une guerre de 49 ans, que les deux

T.V, p. 139.

peuples contractèrent, l'an 491, une alliance dont les conditions sont ignorées. Après la prise

T.X, p. 248.

de Tarente, l'an 272, toute cette portion de l'Italie appartint à la république romaine.

Elle subit les révolutions de l'Italie jusqu'à l'arrivée des lombards, qui s'en emparèrent l'an 468. *Alboin,* leur chef, pour récompenser ceux de ses officiers qui lui avaient rendu le plus de services, érigea en leur faveur plusieurs principautés, et principalement le duché de Bénevent.

Feb, t. I,
page 390.

Mais, en 774, ce duché, avec la Lombardie, fut soumis par *Charlemagne,* et les empereurs grecs ne conservèrent que quelques places maritimes.

Voyez Révolutions d'Italie, par *Denina.*

PAYS DES SABINS,

Répond aujourd'hui à l'Abruzze, partie du royaume de Naples.

Il est probable que ce peuple fesait originai-

rement partie des ombriens. Ils eurent de fréquentes guerres avec les romains dans l'enfance
de la république; mais ils finirent par être soumis à leur domination, l'an 290 avant J. C.

Ils subirent ensuite les révolutions de l'Empire
jusqu'à la conquête que les lombards en firent
en 568. Mais en 755, *Pepin*, roi de France,
força les lombards de rendre la plus grande
partie de ce pays, appelée alors Pentapolis,
et aujourd'hui la Marche d'Ancône, qui fait
partie de l'État de l'église.

Veli, t. I, page 361.

Voyez Révolutions d'Italie, par *Denina*.

OMBRIE,

Au milieu de l'Italie, comprenait le duché de Spolète,
et quelques petites contrées vers la Toscane.

Les peuples d'Ombrie possédèrent originairement une grande partie de l'Italie. Les pelasges
les en chassèrent, et furent chassés à leur tour
par les étrusques. Les ombriens se retirèrent au-
delà de l'Apennin; mais le pays ne prit leur nom
que long-temps après.

L'an 356 avant J. C., les gaulois s'emparèrent
d'une partie de l'Ombrie, et s'y maintinrent jusqu'en l'an 241, que les romains la leur enlevèrent. Le reste de ce pays avait fait partie de la
république romaine dès l'an 297.

L'Ombrie subit dans la suite les révolutions

EUROPE.

de Rome, et forma la province la plus importante de l'Exarchat. En 568, les lombards s'en emparèrent ; mais, en 774, *Charlemagne*, après avoir détruit leur puissance, donna ce pays aux papes.

Voyez Révolutions d'Italie, par *Denina*.

ROME ET LE LATIUM (aujourd'hui CAMPAGNE DE ROME.)

Ce territoire, et le reste de l'Italie, étaient probablement dans la possession des étrusques, lorsqu'*Evandre* aborda en Italie. Il y bâtit une petite ville appelée *Pallantium*. Le pays prit le nom de *Latium*, de *Latinus* qui régnait dans cette partie de l'Italie, à l'époque à laquelle *Enée* y débarqua.

L'an 752 avant J. C., *Romulus*, à la tête d'une poignée d'aventuriers, dit Vertot, bâtit quelques cabanes d'où devaient sortir les conquérans de l'univers. Pendant 244 ans qu'ils vécurent sous des rois, les romains ne possédaient qu'un territoire de treize lieues de long, sur dix de large.

Rollin, Hist. Rom., t. I, p. 25 et suiv.

Ce fut sous la république que se développa cet esprit guerrier qui les maintint armés pendant 500 ans contre tous les peuples. Ils commencèrent par se rendre maîtres successivement du Latium et de la Campanie, l'an 338 ; de l'Ombrie, l'an 356 ; de l'Etrurie, l'an 275 ; de la Sa-

T.IV, p. 197.

bine, l'an 272; du Samnium, l'an 296; de l'A-
pulie, l'an 270. Mais, en combattant et subju-
guant les peuples voisins, Rome s'exerçait à
combattre et à subjuguer les nations les plus
puissantes. Son ambition s'étendit bientôt au-
dehors.

La Sicile en fut le premier objet. Carthage, T. IV, p. 46.
seule capable de lui disputer cette belle contrée,
fut obligée de lui céder tout ce qu'elle y possédait en l'an 242 et l'an 212 avant J. C. La prise T. V, p. 333.
de l'opulente ville de Syracuse entraîna la soumission entière de l'île au pouvoir des romains.
La lutte longue et sanglante qui s'établit entre
les deux républiques, est une des époques les
plus mémorables de l'histoire ancienne.

La ruine de Carthage, l'an 146, fraya aux ro- Tome VIII,
mains la conquête du monde. La même année pag. 356.
vit Corinthe tomber; et, après la prise d'Athè- Id. p. 374.
nes, l'an 86, toute la Grèce subit le joug. Page 376.
Page 480.

L'an 144, la prise de Numance assura la possession de l'Espagne. Les richesses acquises four-
nirent les moyens de réussir dans de nouvelles
guerres. Rome chercha des prétextes pour subjuguer les peuples même dont elle se montrait
amie. Les rois, d'alliés, devinrent sujets ou tributaires.

116 ans avant J. C., les romains s'emparèrent T. XII, p.
de la Gaule narbonnaise; et vers le milieu du 125 et suiv.
siècle suivant, *César* soumit le reste; il en
coûta à ce conquérant dix années de peines et de
de travaux : mais, en divisant les gaulois, il
parvint à les vaincre.

EUROPE.

Crévier,
Hist. des
Empereurs.

Enfin, après avoir englouti tous les états, royaumes, îles du monde connu alors, et s'être soutenu, avec la plus grande gloire, pendant plus de 3oo ans, l'empire romain tomba sous le joug qu'il avait imposé à tant de peuples.

Le Beau,
Hist. du Bas-
Empire.

L'époque à laquelle il fut partagé, l'an 3g5, en empire d'Orient et empire d'Occident, fut celle de sa décadence; il devint la proie des barbares qui l'inondèrent, et des débris de cette vaste puissance se sont formés les états modernes.

D'Anville,
Etats formés
en Europe,
après la chu-
te de l'emp.
d'Occident.

L'histoire des révolutions de Rome n'est pas moins importante que celle de ses conquêtes; car l'histoire de cent peuples policés, dit *Bacon*, ne donne pas une aussi grande idée du genre humain, que le seul tableau de la république romaine. Tant que Rome exista sous la forme d'un gouvernement républicain; d'un côté l'esprit de domination, de l'autre l'amour de la liberté, alimenté par l'ambition des tribuns, mirent souvent aux prises les patriciens et les plébéiens, et entretinrent parmi les citoyens des divisions que la corruption rendit funestes à tous.

Les principaux événemens sous la république sont:

avant J. C.

L'expulsion des rois. 5o9
Dictateur créé pour la première fois. 498
Etablissement du tribunat. 493
Exil de Coriolan 491
Création des décemvirs. 451
Création des tribuns militaires. 444

Empereurs.

Auguste, depuis l'an 31 avant J. C. jusqu'à Tibère.
          Défaite de Varus.
          Ministère de Mécène.
          Gloire des lettres.

En suivant particulièrement l'histoire de Rome et de son territoire, on voit cette ville *Rollin, Hist Rom., t II, p. 45o.* prise et pillée pour la première fois par les gaulois, sous la conduite de *Brennus*, l'an 389 avant J. C.

Puis par *Alaric*, roi des goths, l'an 41o de notre ère, et par *Genséric* le vandale, l'an 455.

Odoacre, roi des hérules, mit fin à l'empire d'occident, et se fit proclamer roi d'Italie en 476; mais il fut défait et mis à mort par *Théodoric*, roi des ostrogoths.

En 537, *Bélisaire*, général de l'empereur *Justinien*, reprit Rome et la plus grande partie *Le Beau, t. IX, p 435.* de l'Italie; mais en 547, les goths, sous *Totila*, la reprirent de nouveau; ils en furent encore chassés par *Bélisaire*. Mais ce général ayant été obligé de se rendre auprès de *Justinien* à Constantinople, les goths profitèrent de son absence pour se rendre maîtres une troisième fois de Rome.

Enfin, en 553, *Narsès*, général romain, par la victoire qu'il remporta sur *Théïa*, le dernier

roi des goths en Italie, délivra ces belles contrées EUROPE.
du joug de ces barbares.

Le Latium fut ensuite gouverné par des magistrats nommés exarques, dont la résidence était à Ravennes.

En 726, Rome, sous le pontificat de *Grégoire II*, se révolta contre les empereurs grecs, et forma, avec son duche qui comprenait une partie de la Toscane et de la Campanie, un état indépendant, gouverné par un sénat.

En 800, *Charlemagne* ayant été reconnu par le sénat et le peuple de Rome empereur d'occident, confirma la donation que *Pepin* avait faite au pape, de la ville et de son territoire, s'en réservant la souveraineté comme empereur des romains. Depuis cette époque, Rome et le Latium appartiennent aux papes, comme princes temporels.

Veli, t. I, *pag.* 458.

Voyez Histoire des progrès de Rome, par *Fergusson*.

 Hist. des deux triumvirats, par *Citry de la Guette*.

 Hist. de la vie de Cicéron, par *Morabin*.

 Mémoires de la cour d'Auguste.

 Histoire de la décadence et de la chute de l'empire romain, par *Gibbon*.

 Grandeur et décadence des romains, par *Montesquieu*.

 Vie de l'empereur Julien, par *Labletterie*.

 Vie de Théodose-le-Grand, par *Fléchier*.

ÉTRURIE ou TOSCANE,

Bornée au nord et à l'est par l'Etat-Ecclésiastique, au sud et à l'ouest par la mer Méditerranée, qu'on nomme mer de Toscane.

Après avoir été habitée par les ombriens, ensuite par les Pélasges, l'Etrurie reçut une colonie de tyrrhéniens sortis, dit-on, de la Lydie, sous la conduite de *Tyrrhenus.*

Rollin, L'an 396 avant J. C., Veïes, une de leurs
Hist. Rom., places importantes, fut prise par le fameux
t. II, p. 405. *Camille*, et vers 295, toute l'Etrurie fut soumise aux romains. Elle subit les révolutions de la Lombardie jusqu'en 1250, que la tyrannie de
Machiavel, *Frédéric II* détermina, à sa mort, les habitans
Histoire de à s'armer pour leur indépendance.
Florence.

Après plusieurs guerres dans lesquelles les succès furent long-temps balancés ; après plusieurs révolutions, le duché de Toscane fut cédé, en 1737, au *duc de Lorraine.* Cette maison en a joui jusqu'au traité d'Amiens, où ce duché a été érigé en royaume, sous le nom de royaume d'Etrurie.

Voyez Vie de Laurent de Médicis, par l'abbé *Goujet.*

HENÈTES, (Aujourd'hui VENISE.)

Bâtie au centre des Lagunes, sur le golfe qui porte son nom, est entourée de différens territoires, tels que le Padouan, le Vicentin, le Véronèse.

Les vénètes, qui furent les anciens habitans de ce pays, sont supposés descendre des hénètes, peuple que l'on dit sorti de l'Asie, sous la conduite d'*Anténor*, après la guerre de Troie.

Les gaulois, qui s'y établirent vers l'an 336, furent soumis par *Marcellus*, qui tua leur roi *Viridomarus* de sa propre main.

Ce pays subit ensuite les révolutions de Rome et de la Lombardie, à l'exception des îles sur lesquelles Venise a été bâtie vers l'an 420, par des peuples qui, pour se soustraire à la fureur des goths et des autres barbares qui ravageaient l'Italie, se réfugièrent dans les marais.

Charlemagne s'attribua la puissance législative sur Venise que l'empereur grec disputait, et qui, par le fait, n'appartenait ni à l'un ni à l'autre.

Venise, du fond de ses lagunes, sut commercer et combattre. Les nobles, négocians et guerriers à la fois, accrurent l'opulence de leur patrie par leur industrie, et étendirent ses domaines par la valeur et l'intelligence qui dirigèrent les armemens maritimes de la république.

Hist. gén de Venise, par l'abé *Laugier*, ou *Histoire du gouvern. de Venise, par Amelot de la Houssaye.*

Une partie des îles de l'Archipel passa sous sa domination, et celle de Crète, si grande et si fertile, devint une de ses provinces. Telle était Venise dans le siècle des croisades et dans les deux siècles suivans. Elle devint l'entrepôt de l'Egypte, de l'Europe et des Indes. Les princes alors recherchaient son alliance; mais une révolution importante, arrivée en 1289, sous le doge Pierre *Gradenigo*, et l'établissement du terrible conseil des dix, exposèrent Venise aux plus grands dangers. Gênes, sa rivale, profitant de ses troubles secrets, ruina sa marine; les turcs lui enlevèrent les îles de Crête (Candie) et de Chypre.

La fameuse ligue de Cambrai, tramée en 1508 par le pape Jules II, contre Venise, la dépouilla de la plupart des villes et des pays qu'elle possédait sur la terre-ferme. Mais lorsque le portugais *Vasco de Gama* eut doublé, l'an 1496, le cap des Tempêtes à la pointe d'Afrique, nommé depuis cap de Bonne-Espérance, cette découverte détourna la source de ses richesses; l'or qui coulait à Venise par tous les canaux de l'industrie, prit une autre direction. Les français, les anglais et les hollandais devinrent ses concurrens, et anéantirent son commerce. Depuis cette époque, Venise n'a plus joué aucun rôle dans les affaires de l'Europe. Réduite à son propre territoire, cet état n'était respectable que par la sagesse de son gouvernement. Dans les dernières guerres entre la France et l'Autriche, Venise n'a pu maintenir

sa neutralité. Après avoir été conquise par *Bona-*
parte, et cédée à l'empereur d'Autriche par le
traité de Lunéville, elle est rentrée à la France
en 1806 pour faire partie du royaume d'Italie

LIGURIE, ÉTAT DE GÊNES.

Son territoire, situé au-delà de l'Apennin, s'étend au sud
du royaume d'Italie, sur la Méditerranée.

Ce pays anciennement habité par les ligu-
riens, fut soumis de bonne heure aux romains;
il passa sous la puissance des lombards et des
empereurs d'Allemagne jusqu'en 950, que les
génois se formèrent en république. Dans les
11.ᵉ et 12.ᵉ siècles, ils jouèrent un grand rôle
dans les croisades.

Mais la jalousie et l'ambition des citoyens y
excitèrent ensuite de grands troubles auxquels
prirent part les empereurs, les rois de Naples, les
Visconti, les marquis de Montferrat et la France,
successivement appelés par les différens partis
qui divisaient la république. Cet état qui avait
soutenu neuf guerres avec gloire contre les vénitiens, flottait dans le quatorzième siècle d'esclavage en esclavage. Après s'être donné aux
français sous *Charles VI*, il s'était révolté; il
prit ensuite le joug de *Charles VII* en 1458 et
le secoua encore. Il voulut se donner à *Louis*
XI, qui répondit dédaigneusement *que cette*
république pouvait se donner au diable. Dans

 cette extrémité elle fut contrainte de se livrer en 1464 au duc de Milan, *François Sforze.* Enfin, lassés de tant de chaînes étrangères, les génois s'en délivrèrent. *André Doria* eut le bonheur et l'habileté de réunir les esprits et d'établir la forme du gouvernement aristocratique qui y subsista long-temps.

En ces temps florissans, Gênes posséda plusieurs îles dans l'Archipel et plusieurs villes sur les côtes de la Grèce et de la Mer noire. Elle tenait même Péra l'un des faubourgs de Constantinople. Mais l'agrandissement de la puissance ottomane, en resserrant les domaines de cette république, a tellement affaibli son commerce dans le Levant, qu'à peine un de ses navires paraît à présent dans les états du grand seigneur. Aussi Gênes est-elle plus fameuse par ce qu'elle fut autrefois, que par ce qu'elle est à présent. Dans ces derniers temps l'invasion des français à Gênes à changé l'organisation de cette république. Après avoir repris son nom ancien de Ligurie, et avoir existé quelque temps sous le nom de république ligurienne, elle a été réunie au royaume d'Italie.

Voyez Révolutions d'Italie, par *Denina.*

MILANÈS,

Borné au nord et à l'ouest par la France, à l'est par le territoire de Venise, au sud par la république ligurienne.

Milan passe pour avoir été fondée par les gaulois, l'an 584 avant J. C.

L'an 362, les romains soumirent ce pays avec le reste de la Gaule, qu'ils appelaient Cisalpine ou Transpadane.

Il fit partie, avec le reste de l'Italie, de l'Empire d'Occident.

L'an 568, *Alboin*, ayant pénétré par les Alpes Juliennes, vint fonder dans ces belles contrées le royaume des lombards qui, après avoir subsisté environ 200 ans, finit dans la personne de *Didier*, que *Charlemagne* vainquit et fit prisonnier dans Pavie.

Le Milanès, par l'effet des partages qui eurent lieu entre les enfans de *Charlemagne*, passa aux princes d'Allemagne.

Dans le 12.ᵉ siècle, Milan, à l'exemple de plusieurs autres villes d'Italie, essaya de secouer le joug des empereurs; mais *Frédéric I*, dit *Barberousse*, l'ayant prise après un siége de sept mois, condamna, par un édit, les citoyens à la servitude, fit raser les murs et les maisons, et semer du sel sur leurs ruines. Cependant, profitant des divisions qui survinrent entre *Frédéric* et le pape *Alexandre III*, les milanais rebâtirent leur ville.

Pendant les longues et sanglantes querelles que les factions des Guelfes et des Gibelins excitèrent, les *Visconti*, constamment attachés aux empereurs, obtinrent le titre de ducs de Milan en 1395, et possédèrent la propriété de la ville et de son territoire comme fief héréditaire dépendant de l'Empire.

Jean le Bon, roi de France, ayant donné sa

EUROPE.

Rollin, Hist. Rom., t. XV, p. 255.

 fillle à *Galeas Visconti*, premier duc de Milan, qui lui avait fourni des sommes considérables, *Valentine Visconti* naquit de ce mariage. Elle épousa *Louis* duc d'*Orléans*, son cousin et frère unique de *Charles VI.* Dans le contrat de mariage, il fut stipulé qu'au défaut d'héritiers mâles dans la famille des *Visconti*, le duché de Milan serait dévolu aux descendans de *Valentine* et du duc d'*Orléans.*

Philippe-Marie, le dernier *Visconti*, étant mort en 1447, plusieurs prétendans se disputèrent la succession. Les concurrens furent le duc d'*Orléans*, *Alphonse*, roi de Naples, qui produisait en sa faveur un testament de *Philippe-Marie*, et l'empereur, qui prétendait que par l'extinction de la famille *Visconti*, le fief de Milan revenait à l'Empire ; les milanais animés de l'esprit de liberté, ne voulurent point de maître et établirent une espèce de république ; mais comme ils avaient besoin d'un chef, ils se soumirent, en 1450, à *François Sforze*, soldat parvenu, qui fit passer ce duché à ses descendans.

Cependant le duché de Milan fut long-temps l'objet des prétentions des rois de France. *Charles VIII*, comme fils de *Louis XI*, fit valoir les droits de la maison d'*Anjou*, cédés à son père sur le royaume de Naples et sur le Milanès. En six mois il conquit et perdit l'Italie. *Louis XII*, qui lui succéda, réclama les droits qu'il avait sur le Milanès, par son aïeule *Valentine*.

L'an 1499, ce prince s'empara, en 20 jours, du duché de Milan, et fit prisonnier *Louis Sforze* dit le *Maure*, qu'il enferma à Loches, où il mourut ; mais le roi de France s'étant ensuite ligué avec *Ferdinand-le-Catholique*, pour partager avec ce dernier l'état de Naples, *Ferdinand*, unissant sa politique à celle du pape *Alexandre*, vint à bout de faire perdre aux français ce qu'ils possédaient en Italie. *Gaston de Foix* s'immortalisa dans cette guerre ; le fameux *Bayard* y fit de grandes actions et de belles retraites, mais la victoire de Novarre, gagnée pas les suisses sur *Louis de la Trimouille*, rétablit *Maximilien Sforze*, fils de *Louis-le-Maure*, dans l'héritage de ses ancêtres. C'était alors le sort des français de vaincre inutilement en Italie. En 1515, après la bataille de Marignan, gagnée sur les suisses, *François I.ᵉʳ* pénétra de nouveau dans le Milanès, le conquit et s'empara de *Maximilien Sforze*, qu'il envoya prisonnier en France. Ce fut alors qu'éclata la rivalité entre *Charles-Quint* et *François I.ᵉʳ ; Charles-Quint* voulut défendre le Milanès comme fief dépendant de l'Empire. Ce duché fut pris et repris dans les années 1523 et 1524 ; mais le 24 février 1525, devant Pavie, *François I.ᵉʳ perdit tout, fors l'honneur.* Le duc, que le roi de France retenait prisonnier, étant mort sans postérité, *Charles-Quint* s'empara du duché de Milan, qui demeura annexé à la couronne d'Espagne jusqu'en 1706, époque à laquelle il devint un apanage de la maison d'Autriche.

Veli, t. XXIII, p. 41.

Dans la guerre de la révolution, les français ayant conquis le Milanès sur l'empereur, ce pays se constitua en république, et son indépendance fut reconnue par les traités qui survinrent.

Mais, en 1805, le vœu des habitans ayant déféré la royauté à l'empereur des français, *Napoléon I.*er a réuni sur sa tête cette couronne à la couronne impériale.

GERMANIE.

Les anciens comprenaient sous le nom de Germanie, tout le pays renfermé entre le Rhin à l'ouest, la Vistule à l'est, la mer au nord, et le Danube au sud.

Les premiers habitans de la Germanie étaient un composé de différens peuples du nord qui avaient chacun leurs chefs. Cette vaste contrée, toute couverte de forêts, s'étant défrichée par degrés, les peuples se multiplièrent si prodigieusement, qu'on les vit attaquer les romains avec des armées innombrables.

César porta deux fois au-delà du Rhin la terreur de ses armes ; mais les romains ne furent jamais tranquilles possesseurs des conquêtes qu'ils firent quelquefois au-delà de ce fleuve. *Auguste* pleura souvent la perte de trois légions taillées en pièces par le fameux *Armi-nius.* Plus prudent et plus habile que *Varus,*

Hist. gén. d'Allemag. par le P. J. Barre.

Rollin, Hist Rom., t. XII, p. 5o3. et suiv.

Crévier, Hist. des Empereurs, t. I, p. 444 ; T. II, p. 22.

EUROPE.

Germanicus remporta sur eux de grands avantages ; il les eut peut-être subjugués , si la jalousie de *Tibère* ne l'eût rappelé.

Devenus plus aguerris , les germains firent, dans les siècles suivans , des incursions plus fréquentes et plus formidables , et dans la décadence de l'Empire , ils formèrent différens états en Allemagne , dans les Gaules et même en Espagne.

Veli , t.I, p.5o.

Clovis les défit à la fameuse bataille de Tolbiac , l'an 496 , et s'empara de plusieurs provinces le long du Rhin. *Thierri* son fils , battit les thuringiens , et ses successeurs gouvernèrent , par des *ducs* , les peuples qu'ils soumirent en Allemagne.

Pepin imposa un tribut aux saxons ; mais ce fut *Charlemagne* qui , après trente ans d'une guerre aussi sanglante qu'opiniâtre , les réduisit entièrement en 785.

T.I, p. 457.

La soumission de la Saxe fut suivie de celle de la Bavière , en 788. Maître alors de l'Allemagne entière , de la Hollande , des Pays-Bas , de quelques provinces d'Espagne , et de presque toute l'Italie , ce conquérant fut couronné à Rome en 800 , empereur d'Occident.

T. II, pages 199 et 200.,

Les partages et les divisions qu'ils entraînèrent mirent en lambeaux la vaste monarchie de *Charlemagne*. Cependant les français conservèrent l'Empire sous huit empereurs. Après la mort de *Louis IV* , en 911 , l'Empire appartenait de droit à *Charles-le-simple* ; mais les allemands le méprisant trop pour le recon

EUROPE. naître, *Conrad*, duc de Franconie, élu par le suffrage de la nation, fut le premier César de race allemande.

Après la mort de *Conrad IV*, l'Empire tomba dans le chaos. Les villes d'Italie s'affranchirent de sa dépendance. Il ne resta aux empereurs que l'héritage de leur maison.

T.VI, p.103. Ennuyé de l'anarchie, le collége des électeurs nomma à l'Empire en 1273, *Rodolphe de Habsbourg*, qui, devenu empereur, enleva au roi de Bohême, *Ottocar*, qu'il avait servi en qualité de maréchal, l'Autriche et la Bohême. Telle est l'époque de la grandeur et de la puissance de la maison d'Autriche.

T. XXIII, p. 272. En 1519, la mort de *Maximilien* fraya à *Charles-Quint* la route de l'Empire. Ce prince, né en 1500, de l'archiduc *Philippe*, fils de l'empereur *Maximilien*, et de *Jeanne* d'Espagne, fille de *Ferdinand-le-Catholique*, était monté sur le trône en 1516. Son règne forme une époque fameuse dans l'histoire de l'Europe. Après *Robertson, Histoire de Ch.-Quint.* avoir donné, par une abdication imprévue, Naples, le Milanès, l'Espagne et l'Amérique à son fils, il céda la couronne impériale à son frère *Ferdinand I.*er

L'Allemagne offre peu d'événemens remarquables jusqu'à la guerre que le cardinal de *Richelieu* alluma contre la maison d'Autriche, *Voltaire, Siècle de Louis XIV.* et que le traité de Westphalie termina l'an 1648.

La mort de l'empereur *Charles VI*, en 1740, fut l'occasion d'une autre guerre qui embrasa toute l'Europe. *Marie-Thérèse*, fille aînée de

Charles VI, se fondait sur le droit naturel qui l'appelait à l'héritage de son père. *Charles Albert*, duc de Bavière, demandait la succession en vertu d'un testament de l'empereur *Ferdinand 1.er*, frère de *Charles-Quint*. Toutes les puissances de l'Europe prirent part à cette querelle. La France et l'Angleterre en furent les parties principales, sous le nom d'auxiliaires. La mort de *Charles Albert*, que la France avait fait empereur, sous le nom de *Charles VII*, ne fit que rendre la guerre plus vive. Enfin, en 1756, *François de Lorraine*, grand-duc de Toscane, époux de *Marie-Thérèse*, fut reconnu empereur par le traité d'Aix-la-Chapelle, et l'ordre de succession fut établi pour ses descendans, d'une manière solennelle.

EUROPE.

Voltaire, Siècle de Louis XV.

HELVÉTIE, (SUISSE.)

Bornée à l'est par le Tyrol, à l'ouest par la Franche-Comté, au nord par la forêt Noire et partie de la Souabe, au sud par les départemens fesant actuellement partie de l'Empire français.

L'an 57 avant J. C., *Jules-César* défit les helvétiens, les plus anciens habitans connus de ce pays. Les romains possédèrent la Suisse environ quatre siècles; mais, en 395, elle leur fut enlevée par les allemands, nation de Germanie, qui avait paru pour la première fois

Rollin, Hist. Rom., tome XII, page 322.

Crévier, Hist. des Empereurs, t. IX, p. 325.

 en 214, et s'était établie dans le duché de Wirtemberg.

Ceux-ci la possédèrent jusqu'en 496, qu'ils en furent chassés par *Clovis*, roi de France.

Veli,
t. I, p. 52.

Les francs gardèrent ce pays jusqu'à la mort de *Charles-le-Gros*, époque à laquelle *Raoul* s'en empara, et la réunit au royaume de Bourgogne.

Rodolphe, dernier roi de cette maison, en ayant fait donation en 1032 à *Conrad*, empereur d'Allemagne, la Suisse fit alors partie de l'Empire.

Veli,
t. VII p. 390.
ou
Vie de Guill. Tell, par le baron de Zurlauben.

Mais en 1308, la tyrannie d'*Albert* d'Autriche força les habitans de se révolter. Trois paysans furent les premiers conjurés. Chacun d'eux en attira trois autres qui gagnèrent les trois cantons de Schwitz, d'Uri et d'Undervald. Tout le monde connaît la fable dont on a cru devoir orner le berceau de la liberté helvétique ; mais on tient pour constant que *Guillaume Tell* ayant été mis aux fers, tua ensuite le gouverneur d'un coup de flèche, et que ce fut là le signal des conjurés. L'empereur *Albert d'Autriche*, qui voulait punir ces hommes libres, fut prévenu par la mort. Le duc d'Autriche, *Léopold*, assembla contr'eux 20 mille hommes. Les suisses se conduisirent comme les lacédémoniens aux Thermopyles. Ils attendirent, au nombre de 4 ou 500, la plus grande partie de l'armée autrichienne au pas de Morgate, et mirent en fuite leurs ennemis, en roulant sur eux des quartiers de rochers.

Les autres corps de l'armée ennemie furent battus en même temps par un aussi petit nombre de suisses.

En 1315, les différens cantons formèrent entr'eux une confédération, et, après avoir gagné leur liberté par plus de soixante combats contre les autrichiens, elle fut solennellement reconnue en 1649, par les autres états de l'Europe.

La Suisse a reçu, dans ces dernières années, quelques modifications à la forme de son gouvernement.

Louis d'Affry est *landamman* actuel de la Suisse.

HOLLANDE ou PAYS-BAS,

Entre l'Allemagne, la France et la mer du nord.

Cette contrée fesait anciennement partie de la Belgique, qui fut conquise par *Jules-César* environ 47 ans avant J. C.

Les bataves, sous la conduite de *Civilis*, un de leurs plus illustres compatriotes, tentèrent de secouer le joug des romains ; mais d'enne- mis redoutables, devenus sujets fidèles, ils fu- rent employés dans les armées romaines, et servirent avec distinction auprès des empereurs.

Crévier, Histoire des Empereurs.

Les français s'emparèrent de cette contrée vers 412. Elle fit ensuite partie de l'Empire de *Charlemagne* jusqu'en 868, que *Thierry*, un des généraux de *Charles-le-Chauve*, s'y fit souverain et devint le premier comte de Hollande.

Ses descendans conservèrent cette souveraineté jusqu'en 1206, qu'elle passa aux comtes de Hainaut; et en 1417, *Jacqueline*, comtesse de Hainaut et de Hollande, fut forcée de la céder à *Philippe-le-Bon*, duc de Bourgogne.

En 1534, les hollandais, plutôt que d'être sujets de l'évêque d'*Utrecht*, aimèrent mieux se soumettre à *Charles-Quint* qui, en 1550, lors de son abdication, donna le comté de Hollande à son fils *Philippe II*.

Hist. gén. des Provin.-Unies, par Leclerc.

En 1572, la Hollande et quelques autres provinces voisines se révoltèrent contre la tyrannie de l'Espagne, et, après une lutte longue et sanglante, une poignée de pêcheurs força l'héritier de *Charles-Quint* à reconnaître son indépendance.

Raynal, Histoire du Stathoudérat.

En 1794, le stathouder étant entré dans la coalition contre la France, la Hollande fut envahie au cœur de l'hiver, le stathoudérat aboli, et toute la partie au sud du Rhin annexée au territoire de la France.

En 1806, la Hollande a reconnu pour roi, *Louis*, frère de Napoléon Ier, empereur des français.

FRANCE,

Bornée au nord par la Hollande ; à l'est par l'Allemagne, la Suisse et les Alpes ; au sud par la Méditerranée et les Pyrénées ; à l'ouest par l'Océan.

Tite-Live dit qu'*Ambigar*, qui vivait du temps

de *Tarquin* l'ancien, environ 600 ans avant J. C., était roi de toutes les Gaules. Le même auteur nous apprend que deux des neveux de ce prince se signalèrent à la tête des colonies, qu'ils conduisirent dans différentes parties de l'Europe. L'un, nommé *Ségovèse*, passa le Rhin, traversa la forêt Hercynie (la forêt Noire en fait aujourd'hui partie), et s'établit dans la Bohême. Le second, nommé *Bellovèse*, descendit vers la mer Méditerranée, donna des secours aux nouveaux habitans de Marseille (les phocéens), franchit les Alpes et s'arrêta dans la Lombardie, où il fonda les villes de Milan, Bologne, Crémone, Bergame, Bresse, etc.

Dans le quatrième siècle avant J. C., la Gaule ne pouvant plus suffire à nourrir ses nombreux habitans, on vit des essaims de gaulois chercher d'autres établissemens, principalement en Italie. Ils se rendirent redoutables aux romains pendant plusieurs siècles. *Brennus*, après avoir mis en déroute l'armée romaine, à la fameuse journée d'Allia, prit et brûla Rome l'an 363 de sa fondation. Cette expédition inspira tant de terreur aux romains, qu'au seul bruit de l'approche des gaulois, les prêtres mêmes n'étaient point exempts de porter les armes.

Mais l'habitude de la guerre et la supériorité de la discipline donnèrent enfin aux romains sur les gaulois, l'avantage qu'ils avaient déjà obtenu sur les autres peuples.

EUROPE.

Picot, Histoire des Gaulois.

Veli, t. I.

116 ans avant J. C. , la Gaule narbonaise fut soumise à la république.

L'an 57, *César* défit les helvétiens ; et l'an 47, après dix ans de guerres et de combats, ce conquérant acheva de soumettre la Gaule entière.

Cette contrée devint alors une des plus belles provinces de l'Empire romain ; elle en fit partie jusque vers l'an 400, que les goths, les premiers barbares qui commencèrent à inquiéter l'Empire, obtinrent d'*Honorius* la permission de s'établir dans les parties méridionales.

En 406, les vandales, les alains et les suèves envahirent différentes provinces , qu'ils abandonnèrent pour se fixer en Espagne.

Mézerai , avant Clovis.

En 413, les bourguignons, à leur exemple, passèrent le Rhin pour avoir part au pillage de ces riches contrées ; et, après s'être établis dans la partie des Gaules qui avoisine le Rhin, ils pénétrèrent plus avant jusque dans le pays des séquanois (Franche-Comté) et des éduens (Autunoi) jusqu'à la Loire et l'Yonne.

Veli. t. 1, p. 30 et suiv.

Les francs, autre nation de la Germanie, qui, vers l'an 420, s'étaient établis entre le Rhin et le Mein, détruisirent , en 534, le royaume des Bourguignons. Ensuite , sous la conduite de *Childéric* , ils étendirent leurs conquêtes dans la Gaule.

En 486 , il ne restait aux romains qu'une partie de la Gaule belgique, lorsque *Clovis*, fils de *Childéric*, âgé de 19 ans, défit *Syagrius* près de Soissons, et affermit, par cette victoire, les fondemens de la monarchie française.

En 507, ce prince, vainqueur des visigoths, dont il tua le roi de sa propre main à la bataille de Vouillé, près Poitiers, se rendit maître de la majeure partie de ce que l'on appelle aujourd'hui *la France.*

Après la mort de *Clovis*, ses quatre fils se partagèrent le royaume. Les successeurs de ce prince forment la première race des rois de France, appelée race *Mérovingienne.* Le trône ayant manqué sous les derniers rois de cette race, appelés rois *fainéans*, *Pepin*, dit *le Bref*, le releva, et, l'an 751, commença en sa personne la race dite des *Carlovingiens.*

Charlemagne son fils, qui resta seul maître du royaume en 771, par la mort de son frère *Carloman*, fait une grande époque dans l'histoire. Après un règne de 46 ans, fécond en victoires et en institutions politiques, après avoir rétabli en sa personne l'Empire d'Occident, ce prince mourut maître de toute la France, de toute l'Allemagne, d'une partie de la Hongrie, des Pays-Bas, de quelques provinces d'Espagne, et de presque toute l'Italie.

Une des causes de la chute des états, fut toujours le partage entre plusieurs princes. Déjà sous *Louis-le-Débonnaire*, la Bretagne, le Dauphiné, la Provence, le Languedoc, la Lorraine, la Flandre, la Bourgogne devinrent des souverainetés particulières.

Au milieu de cette anarchie, les normands

EUROPE.

Histoire de l'établissem. de la Monar. franç. dans les Gaules, par l'abbé *Dubos.*

Idem. t. I, p. 89 et suiv.

Id., p. 384.

Histoire de Charlemag., par l'abbé *Prevost.*

Veli, t. II, pag. et suiv.

EUROPE.

commencèrent à se montrer et à ravager impunément les côtes. Leurs barques légères bravaient l'Océan et pénétraient par-tout. Après avoir brûlé deux fois Rouen, en 887, ils assiègent Paris, et *Charles - le - Gros* excite leur avidité, en achetant leur retraite. Enfin *Rollon* ou *Raoul*, un de leurs plus illustres chefs, se rendit si redoutable, que *Charles-le-Simple* se crut trop heureux de lui donner sa fille en mariage, en lui cédant la Neustrie, depuis appelée *Normandie*.

Dans le chaos où la France était alors plongée, chaque province avait ses comtes ou ses ducs héréditaires. Le domaine des derniers descendans de *Charlemagne* était réduit aux seules villes de Laon et de Soissons, lorsque souverain déjà du duché de France, et des comtés de Paris et d'Orléans, *Hugues Capet*, en 992, s'empara du trône, et en sa personne commença la race *Capétienne*.

Mais les grands vassaux étaient trop puissans pour que ce prince, ainsi que ses premiers successeurs, pussent étendre leur domaine. La Normandie, réunie en 1066, par *Guillaume-le Conquérant*, à la couronne d'Angleterre, passa avec le Maine, l'Anjou et la Touraine, à *Henri II*, comme fils de *Geoffroi Plantagenet*, et le mariage de ce prince avec *Eléonore*, héritière du Poitou, de la Guienne et de la Saintonge, mit l'étranger en possession d'une partie du royaume.

Telle fut l'origine des guerres que se firent

les rois de France et d'Angleterre, guerres longues et malheureuses, et qui ne furent interrompues que par les funestes expéditions des croisades. Cependant, sous *Philippe Auguste*, toute la Normandie fut soumise et réunie à la couronne. Elle avait eu seize ducs du sang de ce fameux *Rollon* qui força *Charles-le-Simple* à la lui céder. La mollesse de *Jean*, qui fut le dernier de tous, la fit rentrer sous l'obéissance de ses anciens maîtres pour n'en plus sortir. Mais les autres provinces qui fesaient partie de la dot d'*Eléonore*, furent dévastées pendant plus de trois siècles, jusqu'à ce que, vers l'an 1430, *Charles VII* enleva aux anglais tout ce qu'ils possédaient en France, à l'exception de Calais, que le duc de Guise reprit sur eux, l'an 1558.

Il fallut bien du temps pour que nos rois réunissent les membres épars de l'ancienne monarchie française. Déjà, en 1343, la France s'était accrue de la province du Dauphiné, en vertu de la donation que lui en avait faite *Humbert*, à condition que l'héritier présomptif du royaume porterait son nom et ses armes.

Louis XI acquit la Provence l'an 1480, par le testament du comte *de la Marche*, neveu et héritier de *René d'Anjou*. Cette province fesait partie, depuis 850, du comté de Bourgogne.

François I eut à défendre ses propres états contre l'ambition de *Charles-Quint*.

Charles VIII réunit la Bretagne, par son

EUROPE.

Hist. de la Rival. de la France et de l'Angl., par *Gaillard*.

Hist. des Croisades, par le *P. Maimbourg*.

Veli, tom. V, VI, VII, VIII, IX et X.

Histoire de Charles VII, par *Baudot de Jully*.

Vely, tome VIII, pag. 483.

Histoire de Louis XI, par Mlle. de *Lussan*.

Veli, tom. XVIII, p. 258.

Histoire de François I, par *Gaillard*.

EUROPE.

mariage avec *Anne de Bretagne*, et cette réunion fut confirmée tant par le second mariage de cette princesse avec *Louis XII*, l'an 1499, que par le vœu libre des habitans en 1532.

Voir, t. XXVIII, XXIX et XXX.

Les troubles civils et religieux qui déchirèrent la France, sous les malheureux règnes de *Henri II*, de *Henri III*, de *François II*, de *Charles IX*, n'étaient point favorables à des idées d'agrandissement. *Henri IV* eut son propre royaume à reconquérir, et employa à réparer les désastres de l'état, une vie qui fut malheureusement trop courte. *

Histoire de Henri IV, par Hardouin de Péréfixe.

Histoire de Louis XIII, par le P. Bougeant, ou par Duclos.

Louis XIII, en 1620, réunit, comme petit-fils de *Jeanne d'Albret*, le petit royaume de Navarre à la couronne de France.

Siècle de Louis XIV, par Voltaire.

Louis XIV, en 1667, fit la conquête de la Flandre. Cette province, anciennement érigée en comté par *Charles-le-Chauve*, en faveur de *Baudoin*, était passée dans la maison de Bourgogne en 1369. *Marie*, fille et héritière de *Charles-le-Téméraire*, dernier prince de cette maison, l'avait apportée en dot à l'empereur *Maximilien*, et l'empereur *Charles-Quint* l'avait léguée, par son testament, à son fils *Philippe II*, roi d'Espagne.

Id., p. 106.

Id., p. 224.

En 1668, la Franche-Comté fut conquise en trois semaines au cœur de l'hiver; et en 1696, le traité de Riswick confirma la conquête de l'Alsace faite sur la maison d'Autriche.

En 1736, sous le règne de Louis XV, la Lor-

* Hist. de la Ligue, par *Anquetil*. — Mémoires de *Sully*.

raine fut abandonnée , par le traité de Vienne , au roi *Stanislas* , en indemnité du trône de Pologne, pour être réunie, après sa mort, à la couronne de France. Cette province avait été donnée vers l'an 851 , par l'empereur *Lothaire*, à son second fils , d'où elle passa dans les différentes maisons des empereurs d'Allemagne.

C'est ainsi que , dans le cours de dix siècles, en suivant un système héréditaire , et par un enchaînement de guerres et d'alliances , les rois de France parvinrent à réunir la plupart des débris de la monarchie de *Charlemagne.*

Depuis la révolution , la France, par la conquête des Pays-Bas autrichiens , et d'une partie des cercles du Bas-Rhin et de Westphalie , a recouvré ses anciennes limites jusqu'au Rhin ; ce qui , avec le Piémont, constitue actuellement le territoire de l'Empire français.

Evénemens principaux de l'histoire de France.

Ire. race. — MÉROVINGIENS.

Clovis.   Bataille de Soissons, gagnée par Clovis, contre
           Siagrius , général des romains, que Clovis
           fait décapiter. . . . . 486.
           Bataille de Tolbiac, gagnée sur les allemands,
           et conversion de Clovis au christianisme. . 496.
           Clovis fait bâtir à Paris une église , où Sainte-
           Geneviève est inhumée. . . . . . 505.
           Après la mort de Clovis , ses états sont divisés
           entre ses fils.
Dagobert Ier, seul roi. Commencement de l'autorité
           des maires du palais. . . . . . 630.
           Fondation de l'église Saint-Denis. . . 634.

Fin de la race des Carlovingiens, après 237 ans de règne.

Troisième race. — Capétiens.

insultés par les anglais. Confiscation de la
Guyenne. . . . . .1292.
Démêlés fameux entre le roi et le pape Bo-
niface VIII. . . . . . . .1303.
Bataille de Mons , où Philippe est vainqueur
des Flamands. . . . . . . .1304.
Institution des parlemens. . . . .
Abolition de l'ordre des Templiers. . .1305.
Altération des monnaies . . . . .
Construction du pont Saint-Esprit. . .

Louis X ,
dit le Hutin,
Philippe-le-
Long ,
Charles-le-
Bel ,

Tous trois fils de Philippe-le-Bel.

Supplice d'Enguerrand de Ma-
rigny. . . . . . . .1315.

Etablissement des jeux floraux à
Toulouse. . . . . . .1324.

Branche des Valois.

Philippe VI , dit de Valois. Edouard III, roi d'Angleterre, lui dispute la couronne , comme petit-
fils par Isabelle sa mère de Philippe-le-Bel ,
dont Philippe de Valois n'était que le neveu ,
comme fils de Charles de Valois son frère.
La guerre avec l'Angleterre commence par la
bataille de l'Ecluse , où la flotte française
est battue par celle d'Angleterre. . .1339.
Bataille de Crécy, où Philippe est battu. .1346.
Origine de la gabelle . . . . . .
Prise de Calais par Edouard.. . . .1347.
Réunion du Dauphiné à la couronne. .1349.

Jean. Bataille de Poitiers , où le roi est fait prisonnier. . . . . .1356.
Révolte des paysans contre la noblesse ,
appelée *la Jacquerie.* . . . . .
Traité de Bretigni. . . . . .1360.

Charles V , dit le Sage. Duguesclin, connétable de

EUROPE.

France, reprend une partie des provinces
perdues sous le roi Jean.　.　.　.　.

Charles VI. Minorité.　.　.　.　.　.　.　.1380.
　　Bataille d'Azincourt gagnée par Henri V,
　　　roi d'Angleterre.　.　.　.　.　.　.1415.
　　Henri V, régent du royaume.　.　.　.
　　Henri VI, roi de France, sous la tutelle du
　　　duc de Bedfort.　.　.　.　.　.　.1422.

Charles VII. Siége d'Orléans par les anglais.　.　.
　　Jeanne d'Arc brûlée à Rouen.　.　.　.1431.
　　Bataille de Fourmigny, qui enlève aux an-
　　　glais la Normandie　.　.　.　.　.　.1448.
　　Révolte du Dauphin, depuis Louis XII.　.1450.
　　Premier traité avec les suisses.　.　.　.1453.

Louis XI. Guerre du bien public. Bataille de Mon-
　　thléry entre le roi et le duc de Bourgogne,
　　　suivie du traité de Conflans.　.　.　.　.1465.
　　Le duc d'Alençon condamné à mort.　.　.1473.
　　Procès du connétable de Saint-Paul.　.　.1475.
　　Affermissement de l'autorité royale.
　　Procès du duc de Nemours..　.　.　.　.1477.

Charles VIII. Guerre d'Italie dans laquelle le royaume
　　de Naples est conquis et perdu en 6 mois.
　　Bataille de Fornone.　.　.　.　.　.　.1495.

Louis XII. Réunion de la Bretagne à la couronne,
　　par le mariage de Louis XII avec Anne
　　de Bretagne, veuve de Charles VIII.　.1499.
　　Conquête du Milanès.　.　.　.　.　.1500.
　　Conquête du royaume de Naples.　.　.1501.
　　Ligue de Cambray.　.　.　.　.　.　.1508.
　　Perte des conquêtes faites en Italie.　.1512.
　　Prodiges de valeur de Bayard, de Gaston,
　　　de Foix. Journée dit des éperons.　.　.1513.
　　Siége de Dijon par les suisses, que Louis
　　　de la Trimouille leur fait lever.

François Ier. Bataille de Marignan qui dure deux

EUROPE.

jours, gagnée sur les suisses par le roi
en personne. . . . . . . .1515.
Prise du Milanès.
Paix perpétuelle avec les suisses. . .1516.
Évasion et révolte du connétable de Bour-
bon.
Mort du chevalier Bayard.
François I.er est fait prisonnier à la bataille
de Pavie. . . . . .1525.
Renaissance des lettres, fondation du col-
lège royal. . . . . . . .1530.
Origine du protestantisme en France. .1534.
Fondation de la société de Jésus. . .idem.
Bataille de Cerisoles gagnée par les Fran-
çais sur les Espagnols. . . . .1544.
Henri II, marié à Catherine de Médicis.
Guerre en Piémont. Prise de Calais par le
duc de Guise. . . . . . .1558.
Le roi est blessé dans un tournois. . .1559.
François II. Puissance des Guises. Conjuration d'Am-
boise. . . . . .1560.
Charles IX. Régence de Catherine de Médicis.
Colloque de Poissy. . . . . .1561.
Commencement des guerres de religion en-
tre le prince de Condé, chef des protes-
tans, et le duc de Guise, chef des ca-
tholiques. . . . . . . .1562.
Bataille de Dreux, où le prince de Condé
et le connétable de Montmorenci sont faits
prisonniers.
L'année fixée au premier janvier. . .1564.
Commencement du palais des Tuileries,
entrepris par Catherine de Médicis.
Bataille de St.-Denys, où le connétable de
Montmorency est blessé à mort. . .1567.
Bataille de Jarnac et de Moncontour. . .1569.
Massacre de la St.-Barthélemy. . . .1572.

EUROPE. **Henri III.** Son évasion de la Pologne. . . . 1574.

Édit de Paris en faveur des protestans.

Ligue des catholiques. Faction des seize.

Bataille de Coutras, où le roi de Navarre est vainqueur. . . . . . . 1587.

Assassinat des Guise. . . . . . 1588.

Assassinat de Henri III par Jacques Clément. . . . . 1589.

Race des Bourbons.

Henri IV.

Bataille d'Ivri. . . . . 1590.

Siége de Paris.

Abjuration du roi. . . . . . . 1594.

Guerre avec l'Espagne.

Amiens pris par les espagnols, repris par le roi. . . . . 1547.

Édit de Nantes. . . . . . 1598.

Etablissement des français dans le Canada. 1614.

Construction du Pont-Neuf.

Construction de la galerie qui joint les Tuileries au vieux Louvre.

Commencement du canal de Briare.

Établissement des manufactures de soie.

Assassinat du roi. . . . . - . 1610.

Louis XIII. Régence de Marie de Médicis.

Mort du maréchal d'Ancre. . . . 1617.

Ministère du cardinal de Richelieu. . 1624.

Prise de la Rochelle. . . . . 1628.

Exécution du maréchal de Marillac. . 1632.

Exécution du duc de Montmorency. *idem.*

Guerre contre l'empereur et l'Espagne qui dure 13 ans contre l'un et 25 contre l'autre.

Procès de Cinqmars et de Thou. . 1642.

Conquête de Roussillon. . *idem.*

Mort du cardinal Richelieu. . . 1643.

Mort de Louis XIII. . . . . *idem*

Louis XIV. Marie de Médicis régente. Le cardinal
  Mazarin premier ministre. Troubles sous la
  minorité. . . . . .1643.
Guerre contre l'Espagne. Bataille de Ro-
  croy gagnée sur les Espagnols par le duc
  d'Enghien. . . . .*idem.*
Bataille de Fribourg gagnée sur les Espa-
  gnols par le même. . . . . .1644.
Bataille de Nordlingue gagnée par le même
  contre les impériaux, commandés par le
  général Merci. . . . . . .1645.
Bataille de Lens gagnée sur les impériaux
  par le même. . . . . . .1648.
Traité de Munster. . . . . .*idem.*
Guerre de la Fronde. . . . . .*idem.*
Combat de St.-Antoine. . . . .1651.
Bataille des Dunes gagnée par Turenne sur
  les Autrichiens. . . . . . .1658.
Traité des Pyrénées, cession de l'Artois. 1659.
Mort du cardinal Mazarin. . . . .1660.
Entreprise du canal de Languedoc. . .1664.
Ministère de Colbert.
Conquête de la Flandre. . . . .1667.
Conquête de la Franche-Comté, rendue à
  la paix d'Aix-la-Chapelle. . . . .1672.
Passage du Rhin.
Prise de la Hollande.
Seconde conquête de la Franche-Comté. 1674.
Conquête de l'Alsace. Mort de Turenne. .1675.
Paix de Nimègue. . . . . .1678.
Etablissement des Français à Pondichéry. .1680.
Prise de Strasbourg. . . . . .1681.
Bombardement d'Alger. . . . .1684.
Révocation de l'édit de Nantes. . .1685.
Dragonades ou persécution des protestans. *idem.*
Descente en Irlande pour rétablir Jacques II. 1689.

Victoires de Staffarde et de Marsaille, rem-
portées par Catinat.
Victoire de Fleurus gagnée par le maréchal
de Luxembourg. . . . . . . .1690.
Victoire de Steinkerque par le même. . 1692.
Victoire de Nerwinde par le même.
Paix de Ryswick. . . . . . . .1697.
Guerre de la succession d'Espagne. . .1701.
Bataille de Blenheim. . . . . .1704.
Bataille de Ramillies ou de Turin.
Bataille de Malplaquet. . , . .1709.
Victoire de Denain par Villars. . . .1712.
Paix d'Utrecht. . . . . . . .1713.
Mort de Louis XIV. . . . . .1715.
Louis XV. Régence du duc d'Orléans. . . .
Système de Law. . . . . . .1720.
Guerre d'Italie. . , ...1734.
Guerre pour la succession d'Autriche. .1741.
Bataille d'Ettingen.
Victoire de Fontenai remportée par le ma-
réchal de Saxe. . . . . . .1745.
Bataille de Lawfeld. . . . . .1747.
Prise de Berg-op-Zoom.
Paix d'Aix-la-Chapelle. . . . . .1748.
Nouvelle guerre en Allemagne. . . .1756.
Victoire d'Hastinbeck. . . . . .1757.
Perte du Canada. . . . . . .1759.
Expulsion des jésuites. . . . . .1763.
Louis XVI. Guerre d'Amérique. . . . . .1778.
Révolution. . . . . . . .1789.

ESPAGNE,

Bornée à l'est et au sud par l'Océan, à l'ouest par le
Portugal, et au nord par les Pyrénées.

Il paraît que la population primitive de l'Es-

pagne se composait de celtes venus des Gaules.
Suivant *Pline*, une colonie partie de l'Ibérie
asiatique (aujourd'hui Géorgie ou Gurgistan)
a donné son nom au fleuve sur les rives duquel
elle s'établit, et de là toute cette contrée a porté
le nom d'Ibérie.

Avant l'époque du règne de *Cyrus*, les carthaginois avaient formé des établissemens dans
les parties méridionales de l'Espagne. Gades
(aujourd'hui Cadix) leur doit sa fondation.

Après la première guerre punique, l'an 235 *Rollin,*
avant J. C., les carthaginois étendirent leurs Hist. Rom.,
conquêtes dans cette contrée, et se servirent de t. IV, p. 284.
ses propres soldats et de ses propres trésors
pour la subjuguer.

Mais dans la seconde guerre punique, l'Es- T. IV, p. 476,
pagne devint un théâtre de jalousie et d'ambi- et t. V, p.
tion entre Rome et Carthage. Les deux républi- 533.
ques combattirent long-temps pour savoir à qui
cette belle portion de l'Europe appartiendrait.
Enfin la défaite d'*Asdrubal*, au moment où il
allait opérer la jonction de son armée avec celle T. VI, p. 124.
de son frère en Italie, décida du sort de l'Es-
pagne. La prise de Numance, par *Scipion*, l'an
144 avant J. C., rendit les romains maîtres de
tout le pays, à l'exception du pays des canta-
bres, aujourd'hui la Biscaye, qui fut réduit par
Agrippa.

L'Espagne demeura sous la domination des
romains jusqu'au cinquième siècle; mais bientôt la faiblesse des empereurs inspira aux bar-

bares l'audace d'envahir des provinces mal gouvernées et mal défendues.

Mariana, Hist. gén. d'Espagne, t. I, p. 463. En 415, les goths, chassés des Gaules par d'autres peuples sortis du nord, passent en Espagne sous *Atolphe*, fils d'*Alaric*.

En 409, les vandales, les alains et les suèves y formèrent des établissemens, tandis que les romains se maintinrent dans la Tarragonaise et dans les pays voisins.

En 428, les vandales ayant quitté l'Espagne pour passer en Afrique, les suèves les remplacèrent dans la plupart de leurs établissemens, et les romains reprirent le reste.

En 585, les suèves furent chassés par les goths, appelés ici Visigoths, qui expulsèrent entièrement les romains en 568.

Depuis cette époque, l'Espagne resta sous le joug des goths, jusqu'au règne de *Rodrigue*, en 711.

T. I, p. 715 et suiv., édit. in-4°. Alors *Muza*, à la tête des sarasins qui avaient subjugué l'Afrique avec tant d'impétuosité, passa la mer, et en dix ans, s'empara de tout le pays, à l'exception des Asturies et de la Biscaye.

T. II, p. 227. Vers 1025, les sarasins formèrent plusieurs royaumes, qui, en 1091, furent conquis par les *Almoravides* venus d'Afrique. En 1140, ceux-ci à leur tour furent chassés par les *Almohèdes*.

T. II, p. 267. En 1219, nouvelle division de l'Empire des sarasins. Plusieurs gouverneurs de provinces en Afrique, s'étant révoltés contre *Zeit-Arax*, fils et successeur de *Mohammed*, ceux qui étaient en Espagne suivirent leur exemple. *Aben-Hut*, qui descendait des rois de Sarragosse, s'empara du royaume de Murcie et de la majeure partie de l'Andalousie. *Mohammed-Ben-Abdallah* se rendit indépendant à Boëza, et dans tout le pays d'alentour, ensorte qu'il ne resta que le royaume de Valence à *Abuseit*, frère de *Mohammed-Enozar*.

Combien il fallut de temps, de successions, de guerres, de révolutions, pour que tous les petits états entre lesquels l'Espagne se trouvait divisée, fussent réunis dans ceux de Castille et d'Arragon !

En 718, *Pélage*, unique rejeton des rois goths, T. II, p. 4. s'étant retiré dans les montagnes des Asturies, suivi d'une foule de chrétiens, y fonda un petit royaume, où il se maintint par sa valeur.

En 984, *Don Bermude II*, un de ses descendans, à la suite d'une bataille qu'il gagna sur les Maures, recula les frontières de son petit état, et fut reconnu roi d'Oviédo et de Léon. Mais en 1037, un de ses successeurs ayant été tué dans une guerre qu'il avait entreprise contre le roi de Castille, le royaume de Léon fut réuni à la Castille.

En 1080 le royaume de Tolède fut conquis *Idem,p.257.* sur les maures, et cette ville devint la capitale des rois de Castille.

En 1238, *le Cid*, capitaine fameux par des *Idem,p.419.* exploits auxquels l'amour du merveilleux ajoute bien des fables, fit encore la conquête de Valence.

En 1234, les sarasins perdirent Cordoue ; en 1248 Séville, et en 1266 le royaume de Murcie.

Tome IV, page 219.

Enfin, après une continuité de guerres sanglantes, le mariage de *Ferdinand* et d'*Isabelle*, reine de Castille, en 1479, ayant heureusement réuni dans une même famille toutes les couronnes d'Espagne, on fut en état d'attaquer le royaume de Grenade. Il fallut dix ans d'une guerre opiniâtre pour subjuguer cette florissante province. La conquête en fut achevée par la prise de la capitale en 1491.

T. V., p. 103.

En 716 avait commencé dans la personne de *Don-Garcie* le royaume de Navarre, qui s'étendit dans la suite au point que l'Arragon en fit partie ; mais en 1133 les royaumes d'Arragon et de Navarre furent séparés, jusqu'à ce que *Jeanne*, héritière de ce dernier royaume, le fit passer dans la maison de France, par son mariage avec *Philippe-le-Bel* en 1284, et l'an 1620 *Louis XIII*, comme petit-fils de *Jeanne d'Albret*, le réunit à la couronne de France. Quant

Tome VII. au royaume d'Arragon, *Charles-Quint*, fils de *Philippe d'Autriche*, ayant épousé l'héritière d'Arragon et de Castille, réunit les deux couronnes. La dynastie autrichienne commença l'an 1517, en sa personne, et finit en 1700 dans celle de *Charles II*, qui légua ses états à *Philippe d'Anjou*, petit-fils de *Louis XIV*.

La branche des Bourbons règne depuis cette époque en Espagne.

Voyez les Révolutions d'Espagne , par le *P. d'Orléans.*
    La Vie de Charles-Quint , par *Robertson* , traduite
        par *Suard*
    L'Histoire de l'Inquisition , par l'abbé *Marsollier.*

LUSITANIE (aujourd. PORTUGAL),

LE plus occidental des états de l'Europe , borné ouest et sud par l'Océan ; est et nord par l'Espagne.
    Voyez Révolutions de Portugal , par *Verlot.*

Les anciens habitans de cette contrée étaient appelés lusitaniens. Ils se soumirent aux romains vers l'an 250 avant J. C.

Hist. de Portugal , par *Quien de la Neuville.*

Les alains s'y établirent vers l'an 409 de l'ère chrétienne.

En 437 ils furent chassés par les suèves , et en 585 les suèves le furent à leur tour par les goths.

En 714 , les sarasins s'en rendirent maîtres ; mais en 1080 , attaqués par le comte *Henri-Alphonse* , à qui le roi *Léon* avait donné sa fille en mariage , avec quelques provinces qui avoisinaient le Portugal , ils commencèrent à perdre du terrain. Alors *Alphonse* , fils de *Henri* , prit le titre de roi , se rendit maître de Lisbonne , et leur enleva la majeure partie du Portugal.

En 1580, à la mort de *Henri I.er*, *Philippe II*, roi d'Espagne, s'empara de ce pays ; mais en 1640, le duc de *Bragance* l'affranchit du joug de la domination espagnole. Depuis cette époque, le Portugal a été indépendant.

Voyez Révolutions de Portugal, par *Vertot.*

ANGLETERRE,

L'ILE la plus considérable de l'Europe, bornée au sud et à l'est par la Manche et par l'Océan, à l'ouest par la mer d'Allemagne, au nord par l'Ecosse.

Histoire d'Anglet., par l'abbé *Millot.*

Les îles britanniques furent d'abord peuplées par des bretons de même origine que les anciens gaulois, c'est-à-dire, d'origine celtique.

Environ trois siècles avant l'ère chrétienne, des belges, venus du continent, repoussèrent les bretons dans l'ouest.

César, dans les années 53 et 54 avant J. C., y fit deux descentes ; mais, dit *Tacite*, *César* avait plutôt montré que donné cette île aux romains.

L'empereur *Claude* en commença la conquête l'an 43 de l'ère chrétienne, mais elle ne fut achevée que l'an 78, sous le règne de *Domitien.*

Après une domination de quatre siècles vers l'an 410, les romains furent contraints d'abandonner une province si éloignée du centre de leur Empire. Ils déclarèrent aux habitans que *l'Empire ne pouvait plus entreprendre des expéditions aussi laborieuses qu'éloignées, et qu'ils n'avaient besoin que de courage pour se défendre contre leurs voisins.*

Les bretons, hors d'état de repousser les pictes et les scots, qui fesaient des incursions continuelles sur leur territoire, appelèrent d'Allemagne à leur secours les saxons et les angles, qui finirent par les subjuguer.

Ils partagèrent l'île en sept différens royaumes, auxquels l'espèce d'union politique qui se forma entr'eux donna le nom d'heptarchie; mais *Egbert*, roi de Wessex, les réunit en un seul royaume vers l'an 825.

Sa sagesse et sa valeur sauvèrent l'Angleterre attaquée par les danois. Mais après sa mort, ces pirates, devenus tous les jours plus redoutables, s'emparèrent vers l'an 866 de différentes parties de l'île, et en 877 ils étaient en possession de presque tout le royaume. *Alfred-le-Grand*, déguisé en paysan, fut obligé de se cacher chez un berger. Contrefaisant le joueur de harpe, il entre dans le camp des ennemis, reconnaît leur indiscipline, et ayant formé son plan d'attaque, les surprend, les défait entièrement, et les force à quitter l'île ou à se soumettre à son gouvernement; ceux des danois qui préférèrent ce dernier parti s'établirent dans l'Est-Anglie.

Vers l'an 1003, sous le règne d'*Ethelred*, *Swenon*, roi de Danemark, et *Olave*, roi de

Norwège, fondirent sur l'Angleterre, et forcèrent *Ethelred* à se réfugier en Normandie. A la mort de *Swenon*, les danois proclamèrent roi son fils *Canut*; mais les anglais ayant rappelé *Ethelred*, l'île fut divisée entre ces deux princes, jusqu'en 1017, que *Canut* resta seul maître de l'Angleterre.

Cette dynastie ne fut pas de longue durée ; l'autorité rentra dans la race saxonne en 1042, sous *Edouard-le-Confesseur.*

Ce fut en 1066, que le fameux *Guillaume*, duc de Normandie, osa entreprendre de conquérir l'Angleterre. Ayant débarqué à la tête de 60 mille hommes, la fameuse bataille de Hastings décida seule du sort du royaume. Le roi *Harold* y fut tué avec ses deux frères. Le vainqueur força les anglais de recevoir le joug, et régna par le droit des armes. Cependant il ne soumit ni l'Ecosse ni le pays de Galles. Ce fut *Edouard I*, fils de *Henri III*, qui réunit ce pays à la couronne d'Angleterre en 1283. Depuis cette époque, cette principauté est devenue le titre des fils aînés des rois d'Angleterre.

Depuis *Guillaume*, quoique la couronne d'Angleterre soit passée en différentes maisons, ce royaume n'a point éprouvé de révolution qui ait attaqué l'intégrité de son territoire.

Voyez Histoire des Révolutions d'Angleterre, par le P. *d'Orléans*

Histoire de Henri VII, par l'abbé *Marsollier*.

Histoire du divorce de Henri VIII, par l'abbé *Mail.*

La Vie d'Elisabeth, par *Mortier.*

Histoire de Marie Stuart, reine d'Ecosse, par *Fréron.*

Histoire d'Olivier Cromwel, par *Raguenet.*

Mémoires du marquis de Montrose, contenant l'histoire de la rébellion.

Histoire de la maison des Stuart, par *David Hume.*

Evénemens mémorables de l'histoire d'Angleterre, depuis la division de l'empire romain en orient et en occident.

Sous l'empire d'Honorius.

Les romains abandonnent l'Angleterre. . . 410.

Première invasion des saxons. . . . 438.

Arthur. Heptarchie saxonne. . . . . 477.

Ethelbert, reine Berthe. Conversion de l'Angleterre au christianisme. . . . . . . 600.

Etablissemens du denier de Saint-Pierre. . 76.

Egbert. Réunion des sept royaumes en un seul. . 825.

Invasion des danois. . . . . . .

Ethelwolf. Etablissement de la dîme. . . . 855.

Alfred-le-Grand. Victoires sur les danois. . . . 875.

Premier établissement d'une marine . . .

Division de l'Angleterre en comtés. . .

Origine des jurés. . . . . . .

Etablissement des aldermans et des sheriffs.

Fondation de l'université d'Oxford. . .

Edouard. 901

Edred. . . . . 946.

Edwy. . . . . 955.

Edgard. . . . . 960.

Edouard-le-Martyr. . . . .

Ethelred. Massacre des danois. . . . . 978.

Leur vengeance. Fuite du roi en Normandie. . . . .

Race des Tudors.

EUROPE.

Le roi divorce d'avec Catherine d'Arragon
pour épouser Anne de Boleyn .   .   . 1532.
Suppression du denier Saint-Pierre, et abo-
lition du pouvoir du pape en Angleterre.
Supplice de Thomas Morus.   .   . 1534.
Procès et exécution de la reine Anne de
Boleyn. Suppression totale des monas-
tères. .   .   .   . 1538.
Jeanne Seymour.   .   .   .   .   .
Anne de Clèves, répudiée. .   .   .   .
Catherine Howard exécutée..   .   .   .
Catherine Parri, sxième femme de Henri VIII.
Édouard VI, fils de Henri VIII et de Jeanne Seymour,
écarte du trône ses deux sœurs.   .   . 1545.
Marie, fille de Henri VIII et de Catherine d'Arragon.
Mariage de la reine avec Philippe II, roi
d'Espagne.   .   .   .   . 1563.
Exécution de Jeanne Gray, petite-fille d'une
sœur de Henri VIII.   .   .   .   .   .
Rétablissement de la religion romaine.   . 1555.
Exécution de Crammer, primat d'Angleterre.
Guerre avec la France. Bataille de Saint-
Quentin .   .   .   .
Calais repris par les Français.   .   .   . 1558.
Elisabeth, fille de Henri VIII.   .   .   .   . idem.
Rétablit la religion protestante, et abolit
le culte romain.   .   .   .   .   .   .
Soutient les protestans en France.   .   . 1574.
Protège la république de Hollande.   .   . 1578.
Drake fait le tour du monde, Etablissement
des anglais dans la Virginie. Procès et con-
damnation de Marie Stuart.   .   .   . 1587.
La flotte invincible de Philippe II battue. 1588.
Révolte et procès du comte d'Essex. .   . 1601.
Fin de la race des Tudors.

Les Stuarts.

Jacques Ier . . . . 1603.
    Troubles civils et religieux. . . . .
    Conspiration des poudres. . . . . 1605.
    Whigs et Torys. . . . . . .
    Procès du chancelier Bacon. . . . .
    Shakespear. . . . .
Charles Ier . . . . 1625.
    Ministère de Buckingham. . . . .
    Troubles politiques. . . . . .
    Long parlement. . . . . . .
    Procès et exécution de Strafford.. . .
    Massacre en Irlande. . . . . .
    Guerre civile. . . . . . . 1643.
    Cromwell.. . . . .
    Procès et condamnation du roi . . . 1649.

République (dure 11 ans).

    Guerre en Ecosse. Bataille de Dunbar. . 1650.
Acte de navigation . . . . 1652.
    Guerre contre la Hollande. Combat naval
    près de Douvres entre l'amiral Black et
    l'amiral Tromp. . . . . . .
    Protectorat de Cromwell. . . . 1653.
    Conquête de la Jamaïque sur les Espagnols.
    Mort de Cromwell, et démission de Ri-
    chard son fils . . . . . . 1653.

Restauration de la monarchie . . 1660.

Charles II. Peste et incendie de Londres. . . 1666.
    Alliance de l'Angleterre avec la France contre
    la Hollande. . . . . . . 1670.
    Paix de Nimègue. . . . . . 1678.

EUROPE.

Troubles civils et religieux. . . . . 1680.
Procès des lords Russel, Sidney et Essex.

Jacques II. . . . .
    Révolte du duc de Monmouth. . . . 1685.
    Le roi détrôné par Guillaume, troisième
      du nom, prince d'Orange, son gendre. 1688.

Guillaume III et Marie son épouse. . . . . *idem.*
    Défaite de Jacques II en Irlande. . .
    Guerre contre Louis XIV. . . . .
    Victoire de la Hogue. . . . . . 1692.
    Les anglais sont battus à Steinkerque et à
      Nerwinde. . . . . 1693.
    Conspiration en faveur du roi Jacques. . 1696.

Anne, fille du roi Jacques. . . . . . 1702.
    Guerre contre la France. . . . .
    Bataille de Hochstet, gagnée par Malbo-
      rough.. . . . . 1704.
    Prise de Gibraltar. . . . . . *idem.*
    Réunion de l'Ecosse à l'Angleterre. . 1706.
    Bataille de Ramillies gagnée par Malborough
      sur le maréchal de Villeroi. . . . *idem.*
    Paix d'Utrecht. . . . . . . 1714.

Georges Ier., fils de la princesse Sophie, petite-fille
    de Jacques Ier. . . . . . . 1714.
    Troubles politiques. . . . . .
    Le parlement fixé à sept ans. . . .

Georges II. Ministère de Robert Walpolle. . 1727.
    Expédition de l'amiral Vernon. . .
    Expédition de l'amiral Anson. . . 1740.
    Guerre contre la France. . . . .
    Bataille de Fontenoy. . . . . 1745.
    Descente du prince Edouard en Ecose. .
    Bataille de Prestonpans et de Culloden. . 1746.
    Traité d'Aix-la-Chapelle. . . . 1748.
    Colonies dans la Nouvelle-Ecosse. . 1749.
    Guerre avec la France. . . . . 1756.
    Prise de Minorque par les français. .

CALÉDONIE (aujourd. ÉCOSSE),

Pays situé au nord de l'Angleterre, dont il n'est séparé que par la rivière de Wéed et par les montagnes de Cheviot.

Histoire d'Écosse, par Robertson, traduite par Suard.

Cette partie de la Grande-Bretagne était autrefois appelée Calédonie, et ses habitans calédoniens. Ils étaient celtes d'origine, et probablement fesaient partie de ces tribus de bretons qui avaient pénétré le plus avant dans le nord.

Dans le quatrième siècle, les historiens distinguent ce peuple en pictes et scots.

Les romains, sous le commandement d'*Agricola*, subjuguèrent la totalité de cette contrée, mais n'en purent conserver que la partie qui est au sud de la *Clyde* et du *détroit de Forth*.

L'an 121 après J. C., *Adrien* en abandonna encore davantage, et bâtit la fameuse muraille depuis *Solway-Frith* jusqu'à la rivière *Tyne*.

L'an 144 les romains regagnèrent du terrain ; mais *Sévère*, malgré l'entière conquête qu'il fit du pays en 208, préféra s'en tenir aux mêmes bornes qu'*Adrien*.

Les romains ayant abandonné l'île en 410, les scots reprirent le pays qu'on appelle aujourd'hui proprement l'Ecosse, et firent de fréquentes incursions au midi, mais sans pouvoir conserver leurs conquêtes.

Vers 860, les pictes furent entièrement réduits par *Kenith II*, qui demeura seul roi d'Ecosse.

En 1296, *Edouard I*, roi d'Angleterre, qui s'était fait nommer arbitre entre les différens compétiteurs à cette couronne, après s'être fait livrer les principales places fortes, se rendit maître de tout le pays. Ce fut alors que commença cette antipathie entre les anglais et les écossais. L'Ecosse, soulevée trois fois, subjuguée trois fois, fut enfin délivrée par un héros. *Robert Bruce*, fils du compétiteur *Baliol*, chassa les anglais en 1314, reçut la couronne et la conserva. Ce fut une fille de ce libérateur de l'Ecosse qui porta le sceptre de ce royaume dans la maison des *Stuarts* en 1370. Jamais maison n'a été plus infortunée. *Jacques I*, après avoir été prisonnier en Angleterre pendant dix-huit mois, fut assassiné par ses sujets. *Jacques II* fut tué dans une expédition malheureuse à l'âge de 29 ans. *Jacques III* le fut à 35, par ses sujets, en bataille rangée. *Jacques IV* périt à 39 ans, dans une bataille contre les anglais, après un règne très-malheureux. *Jacques V* mourut dans la fleur de son âge, à 30 ans. Sa fille, plus malheureuse que tous ses prédécesseurs, augmenta le nombre des reines mortes par la main des bourreaux. Enfin *Jacques VI*, en 1602, réunit les deux couronnes d'Ecosse et d'Angleterre ; mais ce ne fut que pour préparer la révolution qui a fait errer et s'éteindre ses descendans dans l'exil. Depuis cette époque , l'Ecosse n'a point été séparée de l'Angleterre.

HIBERNIE (aujourd. IRLANDE),

L'une des îles britanniques , la plus grande après celle de la Grande-Bretagne , dont elle est séparée à l'est par le canal de Saint-George , ou mer d'Irlande.

Il est probable que les premiers habitans de l'Irlande furent des celtes gaulois et des belges, qui passèrent du continent dans cette île. *César* , lorsqu'il fit son expédition dans la Grande-Bretagne , la nomma Hibernie. Vers le déclin de l'Empire d'Occident, elle a été fréquemment envahie par les scots ou écossais. Les danois y firent aussi différentes incursions , et leurs ravages ne cessèrent que lorsque les anglais s'y établirent. L'île était alors partagée en principautés nombreuses et indépendantes.

L'an 1170 *Henri II* autorisa *Richard Strongbow* , comte de *Pembroke* , à former un établissement en Irlande. Il passa lui-même dans cette île en 1172 , et la parcourut plutôt qu'il ne la conquit.

Cependant différentes colonies anglaises s'étaient établies au nord de l'île , lorsqu'en 1315 *Edouard Bruce* , roi d'Ecosse , chassa les anglais de ce qu'ils possédaient , et se fit proclamer roi d'Irlande ; mais les anglais n'ont pu être paisibles possesseurs de la totalité qu'en 1614.

En 1641, au milieu des troubles qui agitèrent l'Angleterre, sous le règne de *Charles I*, les catholiques d'Irlande croyant enfin avoir trouvé l'occasion de secouer le joug des anglais, massacrèrent 40,000 protestans. Cette insurrection ne fut entièrement apaisée que par *Cromwel*, qui, parti avec l'élite de son armée, et suivi de sa fortune ordinaire, fit rentrer l'île entière, en 1653, sous l'obéissance de l'Angleterre.

Nota. Comme l'Histoire d'Irlande et celle d'Ecosse sont liées avec celle d'Angleterre, l'on peut voir les auteurs conseillés pour ce dernier état, surtout celle par l'abbé *Millot*.

RUSSIE ET SIBÉRIE,

LE plus grand empire de l'Europe, borné au nord par la mer Glaciale ; au sud par la grande Tartarie, la mer Caspienne et la Perse ; à l'est par la mer du Japon ; à l'ouest par la Pologne et la Suède. Il embrasse dans sa longueur d'orient en occident, une étendue d'environ 1900 lieues, dont 1470 appartiennent à la Sibérie, et environ 700 lieues dans sa principale largeur.

La population primitive de l'Empire russe est d'origine sclavonne.

L'an 862 est la plus ancienne date à laquelle on puisse remonter avec certitude. A cette époque, *Rurik*, chef scandinave, fonda la monarchie russe.

En l'an 981 *Wolodimer*, quatrième roi de Russie, embrassa le christianisme.

En 1160 *André I* bâtit Moscow.

Vers 1220, *Batu-Kan* des tartares mogols, conquit la Moscovie, à-peu-près dans le temps que ces conquérans subjugèrent la Tartarie kipschak. Les tartares se maintinrent dans leurs conquêtes jusqu'en 1540, que les deux *Jean Basilowitz* ou *Basilides* délivrèrent leur patrie du joug de ces étrangers. *Jean Basilowitz* fut le premier qui prit le titre de czar ou tzar, que ses successeurs ont porté depuis.

Vers le milieu du seizième siècle les russes commencèrent la conquête de la Sibérie, et étendirent ce nom à toute cette partie septentrionale de l'Asie.

Cependant la Russie resta presqu'inconnue aux peuples méridionaux de l'Europe, jusqu'à ce qu'un grand prince, doué d'un génie créateur, la fit sortir de l'obscurité.

Histoire de l'Empire de Russie, sous Pierre I, par Voltaire.

Pierre I bâtit Pétersbourg en 1704. C'est depuis son règne que l'histoire de la Russie devient intéressante, et se lie à celle du reste de l'Europe.

En 1772 la Russie, dans le partage de la Pologne, a pris environ le tiers de ce royaume; depuis, elle s'est encore agrandie de la Crimée

KIPSCHAK,

OU ROYAUME D'ASTRACAN.

L'HISTOIRE de Kipschak ou du royaume d'Astracan, est obscure avant et après la conquête des mogols ; ce que l'on sait, c'est que ce pays, qui comprend Astracan, Casan et les parties nord-ouest de la Tartarie, fut conquis par un des fils de *Jenghis-Kan*.

Casan fut bâti en 1417, et devint en 1541 la capitale d'une petite principauté du Mogol.

En 1553, les russes conquirent tout le pays.

Hist de Jenghis - Kan, par *Gaubil*.

V. Hist. de Russsie, par *Lévêque*.

POLOGNE,

BORNÉE à l'ouest par la mer Baltique, le Brandebourg et la Silésie ; au sud par la Hongrie, la Transylvanie et la Moldavie ; au nord et à l'ouest par les états de Russie.

Du temps des romains, nous trouvons la Pologne occupée par les sarmates ou sclavons, et les polonais font remonter leurs ducs au sixième siècle ; mais l'histoire authentique de ce pays ne commence qu'avec *Piast*, au commencement du neuvième siècle.

L'an 1000, *Boleslas* reçut le titre de roi, d'*Othon III*, empereur d'Allemagne. En 1059,

Hist. de Pologne, par le chevalier *de Solignac*.

Boleslas II, par son mariage avec la princesse *Viceslas*, réunit la Russie Rouge à la Pologne. *Ladislas*, le premier des *Jagellons*, élu roi en 1382, eut pour successeurs plusieurs princes de sa race, sous lesquels la Pologne ne fut pas heureuse.

En 1672, elle était tributaire de la Porte Ottomane, lorsque le grand maréchal de la couronne, *Jean Sobieski*, lava cette honte dans le sang des turcs, à la bataille de Cokzim. Cette victoire lui valut la couronne. Ce fut sur le refus d'un des fils de ce fameux roi, qu'après avoir détrôné *Auguste II* en 1704, *Charles XII* fit élire *Stanislas Leczinski*; mais *Pierre-le-Grand* rétablit *Auguste*. Ce prince étant mort en 1733, *Stanislas* fut élu de nouveau solennellement; mais il renonça au trône en 1736, par le traité de Vienne, en faveur d'*Auguste III*. Ce prince a été le dernier roi de Pologne. En 1772 ce royaume a été démembré de près de moitié de son territoire entre la Prusse, la Russie et l'Autriche, et en 1795, le partage définitif de cette monarchie a eu lieu entre ces puissances. La Prusse a eu la plus considérable part.

Nota. En ce moment, les triomphes de nos armées en Prusse présagent à la Pologne une plus heureuse destinée.

PRUSSE,

BORNÉE au nord par la mer Baltique, à l'est par la Lithuanie, au sud par la Pologne, à l'ouest par la Poméranie et le Brandebourg.

Il est difficile de décider quelle a été la population primitive de ce pays. Suivant quelques savans, son nom dérivé de *Pruzzi*, tribu de slavons ou esclavons. Quoi qu'il en soit, il n'est fait aucune mention des prussiens ou des borussiens dans l'histoire, avant le 11.e siècle. On voit alors que la Prusse était gouvernée par ses propres ducs. En 1288, l'ordre teutonique, né dans les croisades, subjugua la Prusse, sous prétexte d'y détruire le paganisme. Elle se révolta en 1454, pour se donner à *Casimir*, roi de Pologne. De là naquirent des querelles sanglantes entre cet ordre et les successeurs de ce prince.

En 1520, *Albert*, margrave de Brandebourg, grand-maître de l'ordre, ayant embrassé le luthéranisme, et voulant s'agrandir aux dépens de ces religieux militaires, partagea la Prusse avec *Sigismond*, roi de Pologne, son oncle, sous condition de l'hommage de cette couronne. C'est ce qui a fait distinguer la Prusse royale et la Prusse ducale.

En 1683 ce duché devint indépendant.

Mémoires pour servir à l'Hist. de la maison de Brand., par *Frédér. III.*

En 1702 les ducs prirent le titre de roi, et en 1772 ce royaume s'est accru de toute la grande Pologne et d'une partie de la Lithuanie.

Nota. Décembre 1806. En ce moment, Napoléon, triomphant à Berlin, n'a pas encore prononcé sur le sort de la Prusse.

SUÈDE,

Bornée au nord par la Laponie danoise et par l'Océan septentrional ; au sud par la mer Baltique et par le golfe de Finlande ; à l'est par la Moravie ; à l'ouest par la Norwège, le Sund et le Categat.

Il paraît que la Suède fut primitivement habitée par les sitones (ou suithéod) nom des natifs dont les romains avaient adouci la prononciation.

Depuis la conquête qu'en firent les goths, nous n'avons rien de certain sur leur histoire jusqu'à l'an 714, époque à laquelle la Suède fut convertie au christianisme par le moine *Anscharius.* A cette époque, toutes les couronnes du nord étaient électives, suivant l'ancienne coutume des barbares.

En 1387 les suédois, mécontens de leur roi *Albert* de Mecklenbourg, qu'ils avaient appelé au trône, et dont ils éprouvaient la tyrannie, offrirent la couronne à *Marguerite de Waldemar*, reine de Danemark et de Norwège, digne par son ambition et ses talens du surnom de *Sémiramis.* En 1411 *Eric*, son fils succéda aux trois royaumes du nord.

La Suède fut sujette du Danemarck jusqu'au règne cruel et tyrannique de *Christiern II*, surnommé le Néron du nord.

Alors le fameux *Gustave Wasa*, jeune seigneur que le tyran avait fait arrêter, parce qu'il redoutait son courage, échappé de sa prison, réfugié dans les montagnes de la Dalécarlie, où il travaillait aux mines comme un simple ouvrier, conçut en 1521 le hardi projet de délivrer son pays, et en 1522 entra en triomphe dans Stockholm. Cette révolution mémorable est une des plus intéressantes de l'histoire moderne. Il mourut en 1560, après avoir rendu le royaume de Suède héréditaire dans sa famille.

Le règne de *Gustave Adolphe*, un de ses successeurs, forme encore une époque glorieuse dans l'histoire de Suède. L'Autriche, l'Espagne et d'autres royaumes catholiques s'étant ligués pour extirper la religion protestante des états d'Allemagne, Gustave soutint par ses armes le parti des protestans. Il remporta victoires sur victoires, dont la plus célèbre est de Leipsick, et fut tué à la bataille de Lutzen, qu'il gagna sur les impériaux l'an 1632.

Christine, sa fille, qui lui succéda, abandonna le trône de Suède pour embrasser la religion catholique, contre laquelle son père avait combattu avec tant de valeur.

Le règne de *Charles XI* vit fleurir en Suède les arts et les sciences.

Cet heureux règne fut suivi de celui du célèbre *Charles XII.*

DANEMARCK,

Borné à l'est par la mer Baltique, ouest et nord par
l'Océan, sud par l'Allemagne.

Le Jutland, péninsule qui forme la principale partie de ce royaume, fut occupé d'abord
par les cimbres, qui sont les plus anciens habitans connus. Les romains l'appelèrent *Chersonèse cimbrique.*

Conquis ensuite par les goths, le Danemark
resta dans l'obscurité jusqu'au neuvième siècle,
où il fut converti au christianisme ; mais cette
religion n'y devint universelle que vers l'an
1086, sous le règne de *Canut-le-Grand*, roi de
Danemarck, d'Angleterre et de Norwège.

Les principales époques historiques de ce
pays, sont :

1.º Le mariage de *Hacon VI*, roi de Norwège, avec *Marguerite*, fille de *Woldemar
III*, roi de Dannemark, l'an 1363, qui produisit l'union mémorable des trois couronnes
du nord.

2.º L'avénement de la maison d'*Oldenbourg*
au trône, dans la personne de *Christiern I,*
l'an 1448.

3.º Le règne tyrannique de *Christiern II,*

pendant lequel la Suède fut affranchie par les EUROPE.
efforts de *Gustave Wasa.*

NORWÈGE,

Eɴᴛʀᴇ la Suède et l'Océan septentrional.

Il paraît que la Norwège, qui avec la Suède constitue l'ancienne Scandinavie, a été possédée dans l'origine par les finares ou les finlandais et les lapons, qui furent repoussés vers le nord lors de l'invasion des goths.

La Norwège fut divisée jusqu'au neuvième siècle en vingt petites monarchies, que *Harald Narfagre* réunit en une seule vers l'an 910.

C'est à cette époque que *Ganga-Holf*, ou *Roll-Rollon*, ou *Raoul-le-Marcheur*, ainsi nommé parce qu'il était si pesant qu'aucun cheval ne pouvait le porter, à l'aide des guerriers qui le suivirent, vint s'emparer de la province appelée depuis Normandie.

Sous le règne d'*Olaüs I*, la Norwège et l'Islande furent converties au christianisme.

En l'an 982, le Groënland fut découvert par *Eric le Rouge*, et ceux qui l'avaient suivi d'Islande.

En l'an 1003, le Vinland ou Winland, partie plus méridionale de l'Amérique septentrionale *V.* Amériq. que le Groënland, fut découvert par un des fils d'*Eric le Rouge.*

EUROPE.

En 1014, règne d'*Olaüs II*, surnommé le Saint.

En 1066, descente des norwégiens en Angleterre, commandée par *Harald II*, second fils d'*Olaüs*, qui fut tué dans une bataille contre *Harold*, roi d'Angleterre.

Rien de remarquable dans l'histoire particulière de Norwège jusqu'au règne de *Hacon VI*, un de leurs rois, dont le mariage avec *Marguerite*, fille de *Woldemar III*, roi de Danemarck, l'an 1363, produisit l'union mémorable de trois couronnes du nord. A la mort de son jeune fils, *Marguerite* monta sur le trône de Danemarck et de Norwège.

Introduct. à l'Histoire du Danemark, par *Mallet*. Depuis cette époque, l'histoire de Norwège se confond avec celle de Danemarck.

AMERIQ.

CONTINENT DE L'AMÉRIQUE.

CHRISTOPHE COLOMB découvrit Saint-Domingue l'an 1492. Mais ce ne fut qu'à son troisième voyage qu'il découvrit le continent de l'Amérique. Cependant ce fut *Améric Vespuce*, florentin, qui eut la gloire de donner son nom, en 1499, à cette nouvelle moitié du globe.

Le Brésil fut découvert par les portugais en 1500, mais ils ne s'y établirent qu'en 1549.

En 1623, les hollandais leur enlevèrent quelques parties du nord, mais ils en furent chassés en l'an 1664.

La terre-ferme, depuis l'isthme Darien jusqu'à *Nicaragua* , fut conquise au profit de
l'Espagne par *Pedraria* , en 1514, et peu de
temps après, des aventuriers réduisirent le reste
du pays qui s'étend jusqu'à l'Orénoque.

En 1521, sous le règne de *Charles-Quint* ,
Ferdinand Cortez , parti de l'île de Cuba, attaqua le Mexique avec 600 hommes, 18 chevaux
et quelques canons, et après avoir vaincu *Mon-
tezuma* , à l'aide de 6000 hommes qu'il força la
république de Tlascala de lui fournir, il soumit
cet empire à l'Espagne.

En 1532, sous le règne de *Huesca* , treizième
inca depuis *Mango Capac* , que l'on croit avoir
fondé cet état vers l'an 1270, *François Pizarre* ,
avec 250 fantassins, 60 cavaliers et une dou-
zaine de petits canons, attaqua et conquit le
vaste Empire du Pérou. Le Chili , qui n'est
qu'une continuation de la côte du Pérou, fut
conquis en 1540 par *Baldivia* , général espa-
gnol, sous les ordres d'*Almagro*.

La Louisiane fut découverte par les français
en 1673. On jeta les fondemens de la Nouvelle-
Orléans en 1717. Mais toute la partie qui s'é-
tend à l'est de la rivière Mississipi passa aux
anglais à la paix de 1763 , et le reste à l'Espagne, qui l'a cédé depuis aux Etats-Unis.

En 1681, *William Penn* , le célèbre quaker,
ayant obtenu du gouvernement anglais , au lieu
d'argent qui lui était dû , un territoire immense
dans le continent de l'Amérique, partit pour
son domaine, qui fut appelé dès-lors Pensylva-

 nie. Il signala son arrivée au Nouveau-Monde par un acte d'équité dont il eut la gloire de donner le premier exemple en Amérique. Il légitima sa possession, en achetant des sauvages le vaste territoire qu'il se proposait de peupler. Il traça lui-même, en 1683, le plan de la ville de Philadelphie, peuplée aujourd'hui de 50,000 ames, et qui, à la révolution d'Amérique, est devenue le centre du gouvernement, jusqu'à ce que la capitale projetée des Etats-Unis, la ville de Washington, soit achevée.

En 1633 le lord *Baltimore* bâtit dans le Maryland la ville qui porte son nom. Cette province, les deux Carolines, la Géorgie, la Virginie et le Kentucky, forment les provinces du sud des Etats-Unis.

L'histoire du Canada remonte à *François I*, qui, en 1523, y avait envoyé le florentin *Veruzzani*. Mais ce navigateur n'y avait formé aucun établissement. Onze ans après, *Jacques Cartier*, de Saint-Malo, reprit les projets de *Veruzzani*, remonta le fleuve Saint-Laurent, et échangea avec les sauvages quelques marchandises d'Europe contre des pelleteries. Enfin *Samuel de Champlain* remonta plus avant en 1608, et jeta sur ses bords les fondemens de Québec. Le Canada fut perdu en 1629, mais il fut rendu en 1632 par le traité de Saint-Germain-en-Laye.

La colonie s'éleva par degrés à l'état le plus florissant. L'an 1640, la ville de Trois-Rivières fut bâtie, vingt-cinq lieues au-dessus de Québec, et, avec le temps, Montréal devint un entrepôt important.

Le Canada continua de prospérer jusqu'à la guerre de 1756, où la conquête de l'Ile Royale, ouvrant le chemin aux anglais, Québec attaquée par mer et par terre, succomba en 1759.

Depuis cette époque, le Canada augmenta la masse des possessions britanniques dans le nord de l'Amérique.

ETATS - UNIS.

Les États-Unis sont bornés à l'est par l'océan Atlantique; à l'ouest par le grand fleuve Mississipi, regardé comme une limite de l'Amérique espagnole ; au nord par une ligne idéale, qui traverse les grands lacs du Canada , suit le fleuve Saint-Laurent jusqu'à la latitude de 45 degrés au sud, près de Montréal ; au sud une ligne purement idéale, tirée dans la latitude du 31e. degré, sépare les Etats-Unis des possessions espagnoles dans la Floride orientale et occidentale.

Les époques principales historiques de la lutte longue et sanglante qui se termina par l'indépendance dont les Etats-Unis ont été redevables à la France, sont :

1°. L'acte du timbre, passé en Angleterre en 1765, rapporté en 1766.

2°. La taxe du thé, à raison de six sous par livre, imposée en 1770.

3°. La formation du premier congrès à Philadelphie en 1774.

4°. La bataille de Bunkershill en 1777.

5°. La capitulation du général Burgoyne, le 17 octobre 1777.

6°. La capitulation du lord Cornwallis, le 19 octobre 1781.

7°. Le traité conclu le 30 janvier 1778, entre le roi de France et le congrès.

8°. Le traité de paix signé le 30 novembre 1782, par lequel, après sept ans de guerre, l'indépendance des Etats-Unis fut reconnue solennellement.

Voyez Histoire de l'Amérique, par *Robertson*.
Histoire du Paraguai, par le *P. Charlevoix*.
Histoire de la Louisiane, par *Lepage du Prats.*
Histoire des Colonies Européennes dans l'Amérique, traduite de *William Burke*.
Histoire de la Guerre d'Amérique.

SAINT-DOMINGUE.

CETTE île, la seconde de l'archipel américain, appartient aujourd'hui tonte entière à la France.

Elle a 340 milles de longueur sur 80 de largeur. Elle fut, sous le nom d'*Hispaniola*, le premier établissement des espagnols dans le Nouveau-Monde.

La colonie française de cette île tire son origine d'un parti de flibustiers, la plupart normands, qui s'y forma vers 1640. Cependant leurs progrès furent lents, et ne fixèrent les yeux de la métropole qu'en 1665. Ce fut cette année que les premiers cacaotiers furent plantés dans la colonie.

A peine les français se montrèrent à Saint-Domingue, qu'il s'éleva de vifs démêlés entr'eux et les espagnols. Dans la guerre de 1688 que *Louis XIV* eut à soutenir contre toute l'Europe, les espagnols et les anglais, qui craignaient également de voir les français s'établir solidement à Saint-Domingue, réunirent leurs forces pour les en chasser. Mais la maison de Bourbon étant montée sur le trône d'Espagne, les hostilités cessèrent entre les deux peuples, et la colonie depuis cette époque devint si florissante, qu'elle mérita le nom de Paradis des Indes occidentales.

Depuis la révolution, par le traité de paix conclu entre l'Espagne et la République française en 1794, la partie espagnole a été cédée à la France.

FIN.

TABLE

DES

MATIÈRES.

FIN DE LA TABLE.

www.ingramcontent.com/pod-product-compliance
Lightning Source LLC
LaVergne TN
LVHW012312170726
843503LV00002B/669